실패가 두려운
완벽주의자를 위한 심리학

The Imposter Syndrome Workbook
: Exercises to Boost Your Confidence, Own Your Success, and Embrace Your Brilliance by Athina Danilo

스스로를 과소평가하고 의심하는

당신을 위한 심리 처방

실패가 두려운 완벽주의자를 위한 심리학

아티나 다닐로 지음 | 김지아 옮김

The Imposter Syndrome Workbook

시크릿하우스

가면 속 나의 진짜 모습을 받아들일 수 있도록
곁에서 응원해주고 함께 해준
모든 사람들에게 이 책을 바칩니다.
지금의 나로도 충분하다는 사실을
깨달을 수 있게 도와주셔서 감사합니다.

불안과 자기 의심이 나를 덮치는 순간

당신은 지금 이 순간에도 자기 의심과 자기 불만족 때문에 고통을 받고 있을지 모른다. 성공한 삶을 바라면서도 자신의 성과를 깎아내리고 있거나, 비현실적인 기준에 도달하려고 애쓰다 지쳐버린 상태일 수도 있다. 이유가 무엇이든 나는 당신이 이 책을 고른 것만으로도 기쁘다.

오늘날 상당히 많은 사람이 겪고 있는 가면증후군imposter syndrome은 자신이 사람들의 생각만큼 유능하지 않다고 믿는 현상으로, 완벽주의, 부정적 자기 대화, 번아웃, 가면 감정(자신이 가면을 쓴 사기꾼이 된 것 같은 심리 – 옮긴이)을 수반한다. 가면증후군을 겪는 사람은 자신이 이룬 성과에 만족하는 기쁨을 누리지 못하고 자신의 유능함을 있는 그대로 인정하지 않는다. 혹시 '나도 그런 것 같은데'라는 생각이 드는가? 당신만 그런 것이 아니다. 그리고 이 문제는 실제로 우리 삶에도 부정적인 영향을 미친다. 하지만 다행인 사실은 가면증후군은 극복할 수 있다는 것이다. 당신은 자신이 가치 있는 사람이라고 느낄 수 있으며 자신의 능력을 있는 그대로 받아들일 수 있다.

가면증후군을 극복하려면 시간과 노력이 필요하다. 하루아침에 극복할 수 있는 문제가 아니기 때문이다. 하지만 장담컨대 그렇게 오래 걸리지 않을 것이다. 나는 부부·가족 문제 전문 심리치료사로 일하며 나를 찾아온 가족, 친구, 직장 동료, 내담자들이 자신을 있는 그대로 받아들일 수 있도록 도와주었다. 사실 고백하자면 나도 가면증후군을 경험했다. 나 역시 당신처럼 자기 의심과 번아웃으로 힘들었지만 부단한 노력 끝에 완벽해져야 한다는 강박을 버리고 지금의 모습으로도 충분하다는 믿음을 갖게 됐다.

이러한 경험 덕분에 나는 이 책의 주제이기도 한 가면증후군을 더 많은 사람에게 알려야겠다고 결심하게 됐다. 가면증후군을 겪는 사람들에게 올바른 정보를 안내하고 지지와 격려를 보내기 위해 이 책을 집필했다. 책에 소개하는 주요 설명과 사례,

셀프 치유법은 당신이 가면증후군에서 벗어나 더욱 만족스러운 삶을 살 수 있도록 도와줄 것이다. 다만 기억할 사실이 있다. 이 책이 가면증후군을 겪는 사람들을 돕기 위해 쓰인 것은 맞지만 심리상담이나 명상과 같은 여러 형태의 심리치료를 대체하지는 않는다. 필요하다면 전문가의 도움을 받을 것을 권한다.

○ ● ○

이 책은 총 2부로 구성되어 있다. 1부는 가면증후군의 정의와 유발 요인, 우리 삶에 미치는 부정적인 영향을 소개하면서 가면증후군에 대한 기본적인 이해를 돕는다. 2부는 총 7장으로 구성되어 있으며, 1부에서 소개한 설명을 바탕으로 가면증후군과 관련된 당신의 경험을 되짚어보는 시간을 가질 것이다. 자신감을 키우고 자기 의심을 멈추는 데 도움이 되는 자기 확언과 응원의 메시지, 혼자서 연습할 수 있는 다양한 방법도 안내한다.

내가 추천하는 방법은 책에서 소개하는 여러 활동 중에서 자신의 학습 방식과 정신 에너지에 맞는 방법을 한두 가지 골라 직접 따라 해보는 것이다. 활동하기에 가장 적절하다고 생각하는 시간을 미리 정해두고, 휴대전화의 일정에 저장해놓거나 알람을 맞춰놓는 등 연습 시간을 따로 할애하기 바란다.

책에서 소개하는 활동을 하다 보면 내면의 생각과 감정을 깊게 파고들기 때문에 다양한 감정을 마주할 수 있다. 마음이 힘들고 감당하기 버겁다고 느껴지면 잠시 쉬거나 좀 더 가벼운 활동으로 바꿔도 좋다. 원한다면 활동 개수를 늘리거나 이전 장으로 돌아가 다시 연습해도 된다. 자기 확언과 활동을 이미 마쳤더라도 다시 한번 해보면서 자신이 얼마나 나아졌는지 확인하는 것도 좋다.

용기를 내서 여기까지 온 당신에게 박수를 보낸다. 지금부터 본격적으로 가면을 벗은 진짜 모습을 받아들이기 위한 단계를 하나씩 밟아보자.

실패가 두려운 완벽주의자를 위한 심리학

| 2부 | 실패가 두려운 완벽주의자를 위한 심리 처방

1부

잘될수록 왜
우리는 불안한가?

The Imposter Syndrome Workbook

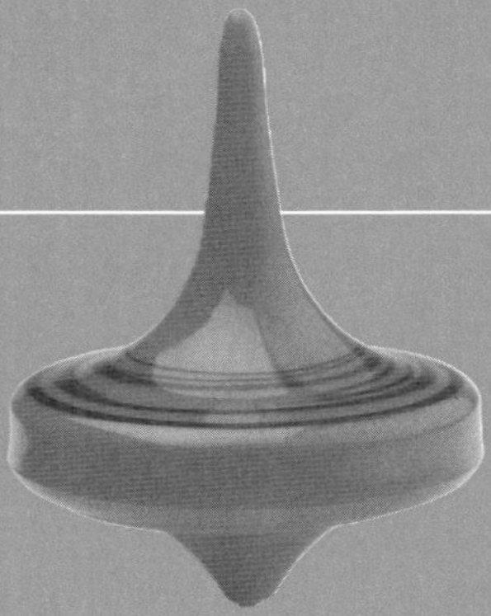

1부에서는 가면증후군에 대해 자세히 다뤄본다. 가면을 쓴 가짜인 것 같은 느낌이 정확히 무슨 뜻인지, 가면증후군을 극복하면 삶이 어떻게 달라지는지 알아볼 것이다. 어린 시절의 경험과 그로 인해 일어난 일을 되짚어보면서 현재 당신이 겪고 있는 가면증후군이 어디서 비롯되었는지도 살펴보려 한다. 가면증후군이 나타날 때 내면의 비판자imposter voice가 자신을 향해 건네는 메시지인 '부정적 자기 대화negative self-talk'에 대해서도 자세히 알아볼 것이다. 마지막으로 부정적 자기 대화가 자기 자신을 어떤 사람으로 인식하도록 하는지, 내면의 비판자를 대하는 당신의 반응 방식은 무엇인지 알아볼 것이다. 자, 그럼 본격적으로 시작해보자.

1장

나는 왜 내 능력을 의심할까?

가면증후군imposter syndrome은 흔히 학업이나 업무와 관련된 상황에서 겪는 심리 현상으로 알려져 있다. 가면증후군에 걸린 사람은 '직장에서 가면을 쓰고 일하는 것 같아' 혹은 '내 무능함이 발각되면 어떡하지?'와 같은 생각을 자주 한다. 하지만 가면증후군은 비단 일과 학업 관련 분야에만 국한되지 않는다. 가족 구성원 간의 관계나 자신의 외모에 대한 감정 같은 개인의 일상에서도 가면 감정을 겪을 수 있다.

1장에서는 가면증후군의 정확한 정의를 알아보고 번아웃, 정서적 어려움 등 가면증후군이 삶에 미치는 영향과 이를 극복하면 얻게 되는 변화를 살펴본다. 또한 통계를 통해 가면증후군이 당신만 겪는 문제가 아님을 알아볼 것이다.

'나는 무능하다'는 착각

가면증후군을 겪는 사람들을 임포스터imposter라고 한다. 임포스터들은 자신이 사람들의 생각만큼 유능하지 않다고 믿는다. 아무리 성과를 내고 자신감을 키워도 본인의 능력을 계속 의심하고 불신한다. 자신이 무능하다는 생각은 보통 '부정적 자기 대화negative self-talk'와 관련이 있다. 자기 자신을 낙담시키는 말이 내면에서 들려와 스스로 능력을 깎아내리는 심리를 조장한다. 부정적 자기 대화의 주제는 다양하며, 가면증후군을 겪는 사람들은 내면의 비판자가 내는 목소리를 통해 부정적 자기 대화를 듣게 된다.

자신이 무능하고 부족한 존재라고 믿게 만드는 부정적 자기 대화의 예는 다음과 같다.

- '내 능력과 기량은 충분하지 않아.'
- '완벽하게 잘 해내야 해.'
- '실패와 실수가 두려워.'
- '내가 이룬 성공은 가짜야. 그저 운이 좋았기 때문이지.'
- '이 정도 성과는 누구나 이룰 수 있어.'

- ‘사람들의 기대에 제대로 부응하지 못했어.’
- ‘거절과 비난이 두려워.’
- ‘어떻게 하면 남들에게 계속 인정받을 수 있을까?’
- ‘능력을 발휘하고 나의 유능함을 증명해야만 관심받을 수 있어.’

이러한 부정적 자기 대화와 가면증후군의 연관성을 기억하면서 가면 감정으로 고통을 겪은 한 여성의 이야기를 들어보자. 자존감에 관한 부정적 자기 대화가 우리에게 어떤 악영향을 미치는지와, 이를 의심하기 시작하면 부정적 자기 대화에서 벗어날 수 있다는 사실이 다음 사례에 잘 나타나 있다.

증명하려는 마음에서 충분하다는 마음으로

○ 샌드라의 이야기

샌드라는 어렸을 때부터 늘 자신이 똑똑하다고 생각했다. 중·고등학생 시절에는 성적 우등생이었고, 졸업생 대표로 졸업 연설을 하기도 했다. 샌드라의 부모님은 그녀에게 성적이 좋아야 한다고 항상 강조했다. 그녀는 높은 성적을 받아 부모님을 기쁘게 해드렸지만, 계속해서 부모님께 자신의 똑똑함을 증명해 보여야 한다는 부담을 느꼈다. 고등학생 때는 수학 동아리의 회장이 되면서 방과 후에 수학과 영어 과외까지 받았다.

나중에 성공하려면 지금은 공부에만 집중해야 한다고 믿었던 부모님 때문에 그녀는 어린 시절에 친구들과 많이 어울리지 못했다. 학생일 때는 성적으로, 직장에서는 일로 성과를 내야만 가치 있는 존재가 될 수 있다는 믿음은 성인이 된 후에도 이어졌다.

샌드라는 31살에 회사의 대표이사로 승진했다. 그녀는 승진 소식보다 그 소식을 듣고도 아무렇지 않았던 자기 자신에게 놀랐다. 분명 유능함을 증명하기 위해 힘들게 노력했고 그 결과로 얻은 성공인데, 왜 자랑스럽거나 기쁘지 않은 것인지 의아했다. 샌드라는 더 많이 일해야 하고 더 크게 성공해야 한다는 압박을 느꼈던 과거를 생각하면서 이 의문에 대한 답을 찾고자 몇 주 동안 곰곰이 생각했다. 자신에게 이런 부담감을 준 부모님이 원망스럽고 화도 났지만, 한편으로 무언가 해소되는 느낌도 받았다.

샌드라는 특히 직장에서 자신의 업무 능력을 타인에게 끊임없이 증명할 필요가 없다는 사실을 깨달았다. 그리고 지금 모습 그대로도 충분하다는 사실을 받아들이기 시작했다.

가면 감정에서 벗어나려면

가면 감정에서 해방되면 좋은 점이 많다. 먼저 가면증후군으로 인한 장단기적 문제가 줄어들어 삶에 더 충실할 수 있다. 가면증후군은 단기적으로 번아웃 증후군, 과도한 걱정, 일에 대한 불만족, 가족 구성원 간의 관계에서 오는 괴로움 등을 유발할 수 있다. 장기적으로는 우울증, 불안증, 타인과의 단절, 심지어 수면장애나 식이 장애 같은 신체 건강 문제도 일으킬 수 있다.

당신은 이 책을 통해 가면증후군을 극복하고 매 순간 당신을 힘들게 했던 문제에서 벗어나 마음의 안정을 찾을 수 있을 것이다. 자신과 타인을 깊이 이해하고 신뢰하며 사랑하는 법도 알게 될 것이다. 가면 감정에서 벗어나면 일과 학업에 쏟을 에너지가 생기고 인간관계에서 얻는 기쁨이 커지며 사람들을 더욱 진심으로 대할 수 있게 된다.

나 자신에 만족하고 내가 이룬 성과를 인정하는 일이 비현실적인 꿈처럼 느껴질 수 있지만, 의도적인 생각과 연습을 통해 그 꿈을 현실로 만들 수 있다. 지금부터는 가면증후군을 극복하면 달라지는 변화에 대해 구체적으로 알아보겠다.

번아웃을 피할 수 있다

책임감을 짊어진 어른으로 살기 벅차다고 느낄만큼 지쳐본 적이 있는가? 바로 이 증상이 번아웃이다. 업무, 대인 관계, 사회에서 받는 스트레스가 오랫동안 쌓여 극심한 육체적·정신적 피로를 느끼는 상태인 번아웃은 가면증후군에 걸린 사람들이 흔히 겪는 증상이다.

보통 이들은 스스로 유능하다고 느끼기 위해 휴식을 거의 취하지 않고 계속해서 더 높은 수준의 일을 수행하다가 어느 순간 번아웃에 빠진 자신을 발견하게 된다. 또한 불안과 우울감을 느끼고, 일에 대한 의욕과 공감 능력이 저하되며, 성취감도 잘 느끼지 못한다.

이와 반대로 가면증후군을 극복하고 번아웃 상태에서 벗어나면 사회적 관계에서 만족감을 느끼게 되고 활력과 의욕이 되살아난다.

건강한 위험을 감내하는 능력이 향상된다

가면증후군에서 벗어나면 '건강한 위험'을 기꺼이 감수하려는 의지가 커진다. 가면증후군에 걸린 사람은 위험을 감수하는 행위 자체를 '매우 위험'한 일로 생각한다. 실패할까 봐 혹은 무능이 들통날까 봐 두렵기 때문이다.

하지만 데이트 신청, 자발적 승진 요청, 새로운 활동 시도처럼 합리적인 위험을 감수하는 결정은 인생에서 중요하고 또 반드시 해야 하는 일이다. 위험에 자신을 노출할 용기가 생기면 인생의 짝을 찾고 승진을 하고 새로운 열정을 얻을 기회가 늘어난다.

삶의 열정이 되살아난다

가면증후군을 극복하면 업무 성과가 향상되고 삶의 즐거움이 증가하며 대인관계가 더욱 건강해진다. 가면증후군은 장단기적으로 불안과 우울증을 일으킬 수 있다. 실패, 거절, 비난, 정체 발각에 대한 공포는 불안을 조장한다. 실패에 대한 두려움과 번아웃으로 인한 우울증은 사람을 무기력하게 만들어 의욕과 욕구를 떨어트린다.

출근을 두려워하거나 해야 할 집안일을 미루고 외출하는 모습은 가면증후군을 겪는 사람들에게서 나타나는 흔한 증상이다. 혹시 불안이나 우울증으로 힘들어하고 있다면 정신건강의학 전문의나 심리상담사에게 언제든지 도움을 받을 수 있다는 사실을 꼭 기억해라. 당신은 삶을 누리며 기쁨과 열정을 경험할 자격이 있다.

당신만 겪는 일이 아니다

만약 당신이 가면증후군을 겪고 있다면, 이는 당신 혼자만의 문제가 아니라는 사실을 알기 바란다. 나 역시도 다른 수많은 사람처럼 가면증후군으로 힘든 시간을 보냈다. 실제로 한 통계에 따르면 전체 성인의 84퍼센트가 가면증후군을 겪어본 적이 있다고 응답했다. 이는 가면증후군이 매우 흔한 증상이며, 상당수의 사람들이 이로 인해 고통받고 있음을 보여준다.

2020년 미국 SaaS 기술 회사인 카자비Kajabi가 실시한 연구에 따르면, 창업가와 소상공인의 84퍼센트가 가면증후군을 중간 수준에서 매우 높은 수준으로 겪고 있다고 답했다. 낮은 수준에서 가벼운 수준으로 겪고 있다고 답한 비율은 겨우 15퍼센트에 불과했다. 또한 가면증후군을 겪고 있다고 답한 응답자의 비율은 성별로도 차이를 보였는데, 이는 모든 인종에서 공통으로 나타났다.

여기서 핵심은 나이, 직위, 가족 내 역할을 막론하고 누구나 가면증후군을 겪을 수 있다는 사실이다. 경험은 사람마다 다르지만 모든 경험은 옳고 존중받아 마땅하다.

스스로를 믿어라.
자신의 능력을 믿어라.
자기 능력에 대한 겸손하면서도
정당한 자신감 없이는
성공도, 행복도 이룰 수 없다.

노먼 빈센트 필

핵심 정리

자신을 계속 의심하고 불신한다

1장에서는 부정적 자기 대화와 가면증후군의 관계에 대해 알아보았다. 2장에서는 가면증후군에서 벗어나기 위해 반드시 거쳐야 하는 중요한 단계인 부정적 자기 대화를 유발하는 요인에 관해 살펴볼 것이다. 2장으로 넘어가기 전에 1장에서 배운 주요 내용을 다시 한번 정리해보자.

- 가면증후군이란 자신은 남들이 생각하는 만큼 유능하지 않다고 믿는 현상이다.
- 부정적 자기 대화는 자신이 가짜라고 느껴질 때 내면의 비판자 imposter voice가 속삭이는 소리로, 주로 자신이 무능하고 부족하다는 감정을 유발한다.
- 가면증후군으로 인해 일어나는 문제로는 번아웃, 건강한 위험조차 회피하려는 태도, 우울증, 불안감 등이 있다.
- 가면증후군에서 벗어나면 삶의 의욕이 상승하고 활력이 생기며, 다른 사람과 관계를 맺고 새로운 경험을 시도하는 일에 호의적인 태도를 보인다.
- 자기 의심을 접고 자기 신뢰를 높이기 위해 연습하는 과정에서, 가면증후군이 나만의 문제가 아님을 아는 것만으로도 타인이 나를 이해하고 지지해주는 것 같은 느낌을 받는다.

2장

무엇이 부정적 자기 대화를 만드는가?

부정적 자기 대화는 몸과 마음을 모두 망가뜨린다. 의욕을 떨어트리고, 미래에 대한 불안을 조장하며, 자신과 남들에게 실망하도록 만든다. 그뿐만이 아니다. 타인, 심지어 배우자나 친구처럼 자신이 신뢰하는 사람에게조차 자신이 어떻게 보일지 걱정하도록 만들며, 일에서 느끼는 성취감과 즐거움도 빼앗아 간다.

이 장에서는 부정적 자기 대화가 무엇이고, 이것이 가면증후군과 어떻게 연결되는지 알아본다. 또한 어린 시절의 경험이 현재의 부정적 자기 대화의 메시지에 어떤 영향을 미치며, 이것을 이해하는 것이 왜 중요한지 짚어본다. 마지막으로 과거와 현재가 어떻게 연결되는지 알아보면서 부정적 자기 대화의 메시지가 만들어지는 과정과 그 원인에 대해서도 자세히 살펴본다.

나를 속이는 '부정적 자기 대화'

1장에서 우리는 내면의 비판자가 전하는 자기 비난의 메시지를 부정적 자기 대화라고 부르고, 이것이 자기 자신에 대해 만족감을 느끼지 못하도록 막는다는 사실을 배웠다. 이렇듯 부정적 자기 대화는 삶의 다양한 영역에서 우리를 방해한다. 예를 들어 '너는 남들보다 항상 부족한 사람이야'라는 말이 내 안에서 계속 들려오면 '나는 계속해서 유능함을 증명해야 해'라고 믿게 된다. 부정적 자기 대화는 결국 번아웃과 분노를 유발하고, 이는 당신이 바라는 만족스러운 관계를 형성하고 유지하기 더 어렵게 만든다.

그런데 가면증후군에 대한 책에서 부정적 자기 대화를 왜 이렇게 자세히 다루는 것일까? 바로 부정적 자기 대화가 가면증후군을 일으키는 원인이기 때문이다. 부정적 자기 대화의 메시지는 사람마다 다르게 나타날 수 있다. 자기 자신이 무능하고 충분하지 않다고 믿게 만드는 이 메시지를 들으면 우리는 마음 한편으로 그것이 사실이 아님을 알면서도 자신도 모르게 그대로 믿어버린다. 게다가 자신이 충분하지 않다는 생각은 또 다른 부정적 자기 대화를 낳는다.

부정적 자기 대화가 자기 자신에 대한 진실처럼 들리지만 실은 특정 순간에 일어난 생각을 반영한 것에 불과하다. 이 사실을 아는 것이 가면증후군 극복에 있어서 중요한 열쇠가 된다. 생각은 우리가 누구이고 무엇을 중요하게 여기는지 정확하게 드러내기도 하지만, 가끔은 우리를 속이기도 한다.

부모의 양육 태도가 영향을 미친다

가면증후군은 어린 시절의 경험에 깊은 뿌리를 둔다. 가면증후군을 겪는 사람들의 유년시절에는 몇 가지 비슷한 점이 있다. 2014년에 심리학자 시지자 리Sijia Li, 제니퍼 L. 휴스Jennifer L. Hughes, 수 미앗 뚜Su Myat Thu 세 사람은 연구를 통해 부모의 양육 태도가 자녀의 가면증후군 발현에 영향을 미친다는 사실을 밝혀냈다.

이들의 연구에 따르면 부모가 자녀를 과잉보호하거나 무관심으로 양육하면 자녀의 건강한 자존감 발달을 해치는 비지지적 부모-자녀 관계unsupportive parent-child dynamic가 형성된다. 이렇게 되면 자녀는 부모가 자신의 능력을 신뢰하지 못하기 때문에 자신을 과잉보호하거나 자신에게 무관심한 것으로 생각하고, 이 믿음이 성인이 된 이후까지 이어져 결국 가면증후군을 겪게 되는 것이다. 예를 들어 무관심한 부모 밑에서 자란 아이는 부모에게서 인정과 관심을 받기 위해 모든 일을 완벽하게 해내려고 할 것이고, 어른이 된 후에도 자신이 유능하고 가치 있는 사람이라고 느끼기 위해 업무에서도 일상에서도 전부 완벽을 추구하려 할 것이다.

부정적 자기 대화를 유발하는 또 다른 요인

부정적 자기 대화는 어린 시절의 경험 외에 다른 경험들로도 유발된다. 가령 과거에 학교나 직장에서 부정적인 경험을 했다면 자신이 무능하고 자격이 없는 사람이라는 믿음이 생길 수 있다. 첫 아이를 낳고 난생처음 부모가 되었다면 인내심을 시험하는 여러 문제를 겪으면서 자신이 부모이자 한 인간으로서 자질이 없는 건 아닌지 의심하게 될 수 있다. 그 밖에도 건강하지 않은 대인관계나 교우관계, 심지어 불행한 결혼 생활도 부정적 자기 대화를 유발할 수 있다.

문화적 요인도 성인기에 가면증후군을 겪게 될 확률을 높이는 것으로 나타났다. 인종차별과 소외감으로 생기는 소수자 스트레스minority status stress는 심각한 수준의 가면증후군을 유발할 수 있다고 한다. 한 예로 2021년에 랭포드Langford, 맥뮬런McMullen, 브릿지Bridge, 라이Rai, 스미스Smith, 라임스Rimes가 실시한 연구에서 흑인은 교육 여부와 상관없이 심한 가면증후군을 겪는 것으로 나타났다. 또한 인종차별을 자주 경험하는 흑인 여성이 가면증후군에 걸릴 가능성은 그렇지 않은 흑인 여성보다 더 높게 나타났다. 이러한 연구 결과는 차별 의식을 드러내는 정서적 학대와 신체 공격이 장애인, 저소득층, 성 소수자와 같은 소외 계층에게 무능함, 부족감, 소외감을 유발한다는 사실을 보여준다. 이런 감정들이 부추기는 부정적 자기 대화는 가족, 사회, 공동체의 구성원으로 받아들여지려면 스스로 가치를 입증해야만 한다는 강박을 갖게 만든다.

어린 시절에 들었던 많은 말들

어린 시절의 경험이 부정적 자기 대화에 어떤 영향을 미치는지 이해하기 위해 당신이 어릴 때 들었을 법한 메시지를 몇 가지 살펴보려 한다. 이 메시지들은 당신이 타인과 대화하면서 그 사람의 행동이나 언어, 감정을 해석하며 알게 모르게 습득한 것일 수도 있고, 당신이 직접 경험한 메시지일 수도 있다.

지금부터 살펴볼 메시지는 "너의 가치를 내게 증명해야 해", "너는 완벽한 존재니까 네가 하는 일도 전부 완벽해야 해", "너는 재를 뛰어넘을 수 없어", "너는 성공을 해야만 내 사랑을 받을 수 있어"이다. 본격적으로 들어서기에 앞서 당신이 알아야 할 사실이 있다. 이번 활동의 목적은 당신의 어린 시절 경험을 떠올리기 위해서가 아니다. 이 메시지들은 가면증후군을 겪는 사람들이 공통으로 경험하는 부정적 자기 대화의 일부일 뿐이다. 여기서 우리는 부모의 양육 태도가 자녀의 부정적 자기 대화 형성에 어떤 영향을 미치는지 알아볼 것이다. 당신의 어린 시절 기억을 떠올리면서 그때 들었던 메시지를 살펴볼 기회는 2부에서 주어질 것이다.

"너의 가치를 내게 증명해야 해"

자식에게 쉽게 화를 내거나 무관심한 부모들이 있다. 부모의 관심과 보살핌을 원하는 아이들은 자신이 관심과 사랑, 보호를 받을 자격이 있다는 사실을 부모에게 증명하기 위해 갖가지 노력을 기울인다. 자녀는 결국 학교에서는 모범생으로, 집에서는 말 잘 듣는 아이로 지내며 부모·양육자에게 자신의 가치를 평생 증명해야 하는 끝없는 굴레에 빠진다.

만약 부모·양육자가 아이의 노력을 칭찬하거나 애정을 표현하는 등 긍정적인 반응을 보이지 않으면, 아이는 지금껏 부모의 애정과 인정을 받기 위해 쏟은 노력이 전부 쓸모없다고 생각한다.

"너는 완벽한 존재니까 네가 하는 일도 전부 완벽해야 해"

부모·양육자는 자기 자식이 놀라운 존재라고 믿기 때문에 자녀가 완벽한 모습을 보일 것으로 기대한다. 가령 부모·양육자나 교사처럼 양육과 보육을 책임지는 어른이라면 아이가 모든 과목에서 100점을 맞길 기대한다. 어른들은 자신이 세운 비현실적인 기대치에 아이가 부응하지 못할 때마다 자신이 정한 방식으로 아이에게 게으르고 어리숙하고 부족하다는 꼬리표를 붙인다. 이렇게 부모·양육자로부터 똑똑하다는 말과 부족하다는 말을 동시에 들으며 자란 아이는 자신이 완벽한 존재가 되어야 할 것 같은 강박을 느끼기 시작한다.

"너는 쟤를 뛰어넘을 수 없어"

형제자매가 있거나 친척과 가깝게 지내는 가정에서 자란 아이는 다양한 감정과 메시지를 경험할 수 있다. 예를 들면 부모·양육자가 자신의 자녀를 형제자매 혹은 친척과 비교하면서 자녀를 깎아내리는 말을 할 수 있다. 아이는 이 말을 자신이 그들보다 항상 부족한 사람이라는 뜻으로 받아들인다. 형제자매와 비교당하는 말을 듣고 자란 아이는 자신이 다른 사람의 그림자 속에 살고 있으며 한 인간으로서 가치 있는 존재가 아닌 것 같다고 느끼게 된다.

"너는 성공해야만 내 사랑을 받을 수 있어"

조건 없는 사랑은 부모의 사랑을 구성하는 중요한 요소다. 조건 없는 사랑은 아이가 자신을 둘러싼 세상을 탐구할 때 안전함과 안정감을 느낄 수 있게 하고, 스스로 괜찮은 사람이라고 생각하도록 한다.

하지만 어떤 부모들은 자녀에게 조건부 사랑을 준다. 조건부 사랑은 자녀에게 무관심하거나 자녀와의 정서적 거리가 먼 부모들이 자주 사용하는 방식이다. 조건부 사랑을 주는 부모는 자녀가 겉으로 드러나는 성공을 거둘 때만 관심과 사랑을 준다. 이를

테면 자녀가 부모의 말을 잘 듣거나 '착한 행동'을 할 때만 칭찬하고 애정을 주는 것이다. 결국 아이는 자신이 성과를 내야만 부모의 사랑과 보살핌을 받을 수 있다고 믿게 된다.

그림자에서 벗어나기

○ **아민의 이야기**

아민은 자신이 형의 그림자 속에서 살았다고 생각했다. 가족들은 항상 형 알렉스를 집안에서 가장 똑똑하고 성공한 사람으로 여겼다. 형은 학생 때도 늘 최상위권 성적을 유지했고 결국 의사가 됐다. 하지만 형과 달리 아민은 공부를 썩 잘하지 못했다.

아민은 어린 시절에 어머니가 형을 칭찬하면서 똑똑하고 공부도 일도 다 잘하는 형을 자랑스러워했던 기억을 떠올렸다. 아민은 어머니가 자신에게 형의 반만이라도 닮았으면 좋겠다고 말했던 기억이 났다. 그는 형이 항상 모든 관심을 독차지했기 때문에 어머니의 사랑을 두고 형과는 절대 경쟁할 수 없다고 생각했다. 아민은 형과 비교하는 말을 "나는 절대 형만큼 잘할 수 없을 테니 항상 부족한 놈으로 살겠지"라고 해석해서 받아들이기 시작했다.

이 믿음은 아민이 어른이 된 이후에도 이어졌다. 아민은 자신이 하는 일을 싫어했지만 돈을 많이 벌 수 있는 직업이라 그만두지 못했다. 경제적 성공이야말로 어머니에게 자신이 형만큼 훌륭한 아들이라는 사실을 증명할 방법이라고 믿었기 때문이다. 어느 날 아민은 친구에게 자신은 너무나 불행한 인생을 살고 있고 형의 그늘에서 사는 게 지겹다고 털어놓았다. 그러자 친구는 "도대체 왜 형의 그늘에서 벗어나지 못하는 건데?"라고 물었다. 아민은 한동안 친구가 던진 질문을 곰곰이 생각해보았다. 그러자 어린 시절 어머니가 자신에게 항상 '모자란 녀석'이라고 말했던 기억이 떠올랐다. 그동안 자신을 괴롭혔던 부정적 메시지를 인식한 그날부터 아민은 변화하기 시작했다. 심리치료사의 도움을 받고 혼자서도 노력하면서 형의 그림자에서 벗어나 있는 그대로의 모습을 인정하기 위해 조금씩 움직이기 시작했다.

어릴 때 들었던 부정적 메시지가 어떻게 신념이 될까?

어린 시절에 경험한 언어적·비언어적 메시지는 우리 몸에 계속 머무르며 확고한 신념이 되어 어른이 된 후에도 영향을 미친다. 어릴 때 자신이 들었던 메시지가 무엇이었고, 그것이 어떻게 신념이 되었는지 자세히 알게 되면 내면의 비판자를 몰아낼 힘이 생긴다.

특히 부모에게서 형제자매나 다른 사람과 비교를 당했다면, 부모의 사랑을 확신하지 못하고 남들이 다 가진 것을 자신은 가지지 못했다고 믿을 수 있다. 부족한 점을 채워야 한다는 압박을 느끼는 아이는 자신의 외모, 능력, 성과를 다른 사람과 끊임없이 비교한다. 심지어 "노력이 다 무슨 소용이야?"라고 자문할 수도 있다. 하지만 이런 아이도 마음 한구석으로는 자신을 낙담시키는 비교에서 벗어나 자신의 모습을 그대로 인정할 수 있길 바란다.

완벽주의는 가면증후군으로 힘들어하는 사람들이 흔히 겪는 증상이다. 이들은 완벽해지는 것이 불가능하다는 사실을 알면서도 관심을 받으려면 성공하거나 완벽해져야 한다고 믿는다. 이런 믿음은 어릴 때 '잘한 일'에 칭찬을 받고, '못한 일'에 꾸중을 들었던 경험에서 비롯된다. 이들은 어른이 되어서도 사람들이 자신을 떠나지 않도록 확실한 성공과 완벽한 과업 완수를 보장한다. 그러나 완벽주의는 사람을 지치게 한다. 우리를 인간답게 만드는 것은 불완전함이고, 당신과 나는 지금 모습 그대로도 충분한 존재임을 잊지 말자.

핵심 정리

끊임없는 비교에서 시작되는 압박감

이 장에서는 부정적 자기 대화와 가면증후군의 관계를 알아본 뒤 부정적 자기 대화가 주로 어린 시절의 경험에서 비롯된다는 사실을 배워보았다.

- 부정적 자기 대화는 가면증후군을 겪게하고, 가면증후군은 또 다른 부정적 자기 대화를 낳는다. (그야말로 악순환이다.)
- 가면증후군을 겪는 사람들은 부모의 과잉보호, 무관심, 정서적 학대, 차별 등 어린 시절의 경험이 대부분 비슷하다.
- 아동기나 청소년기에 들었던 메시지는 직간접적으로 우리에게 영향을 미치며 성인이 된 이후에는 부정적 자기 대화의 메시지로 진화한다.
- 사람들의 양육 경험과 사연은 저마다 다르므로 이로 인해 만들어지는 부정적 자기 대화의 메시지도 다양하다.
- 부정적 자기 대화의 메시지가 생기는 이유와 과정을 알면 내면의 비판자를 잠재우고 자기 인정의 삶으로 향하는 희망의 길이 열린다.

3장

내면의 비판자는 어떤 모습일까?

이 장에서는 가면증후군과 부정적 자기 대화의 관계를 좀 더 깊게 탐색하면서, 당신이 겪고 있는 가면증후군의 정체를 찾는 시간을 가질 것이다. 먼저 어린 시절에 들은 메시지가 형성한 다섯 가지 유형의 가면증후군에 관해 알아보고, 이에 반응하는 세 가지 방식을 하나씩 살펴볼 것이다. 3장에서 자신의 내면의 비판자 유형을 파악하고, 이를 바탕으로 2부에서 소개하는 여러 활동까지 모두 마치면 가면증후군과 확실하게 작별할 수 있을 것이다.

가면증후군의 다섯 가지 유형

2장에서 다루었듯이 부정적 자기 대화는 어린 시절에 직간접적으로 들었던 메시지를 부정적으로 해석하는 현상을 말한다. 이 메시지들은 성인이 된 이후 내면의 비판자의 모습으로 나타나 비현실적인 기준을 스스로 세우게 만든다. 하지만 이렇게 턱없이 높은 기준을 달성하기란 거의 불가능하다. 그런데도 이들은 이 기준에 도달하지 못한 자신이 부족하다고 여기고, 자신의 무능함이 언제 들통날지 모른다는 불안감을 느끼며 산다.

임포스터들이 세운 비현실적이고 불가능한 기준은 다양하다. 이 장에서는 각기 다른 불가능한 기준을 가진 다섯 가지 가면증후군 유형을 소개한다. 유형별 설명을 읽으면서 자신의 가면증후군과 닮은 유형을 찾아보기 바란다. 물론 사람마다 경험하는 바가 다르기 때문에 당신에게 딱 맞는 유형이 없을 수도 있다. 하지만 다섯 유형의 특징을 읽다 보면 최소한 내 안에 존재하는 비판자가 나를 어떻게 제어하고 있는지 이해할 수 있다. 더 나아가 나를 조종해서 비현실적인 기준을 세우게 하고, 나 자신과 나의 실력을 폄하하게 만들고, 결국에는 스스로 충분하지 않다고 믿게 만드는 비판자의 정체를 알아낼 수 있다.

완벽주의자형

완벽주의자는 모든 것을 완벽하게 해내고 싶어 하는 사람으로, 이 유형의 가면증후군을 겪는 사람들은 모든 일이 문제 없이 진행되어야 한다고 믿는다. 자신은 완벽한 배우자, 완벽한 친구, 완벽한 직원이 되어야 한다고 생각하며 단 한 번의 실수나 실패도 용납하지 않는다.

불가피하게 실수가 발생하거나 자신에게서 부족한 점을 발견하게 되면 자기 자신을 비난하며 죄책감에 빠진다. 자신의 능력이 부족하다고 느끼거나, 더 잘할 수 있었는데 노력이 부족했다며 실패한 책임을 자신에게 돌린다. 완벽하지 않은 모습을 보면 사람들이 실망해서 자신을 외면할 것이라고 생각한다.

천재형

천재형 가면증후군은 자신이 모든 것을 다 알아야 한다고 믿게 만든다. 여기서 '모든 것'이란 말 그대로 '세상에 존재하는 만물과 만사'를 의미한다. 좋은 부모나 배우자가 되기 위해 필요한 지식을 전부 알고 있어야 한다고 생각하고, 처음 하는 일도 어려움 없이 한 번에 척척 해내야 한다고 믿으며 스스로 다그친다.

천재형 가면증후군이 나타나면 개인적으로나 직업적으로 성장하는 데 어려움을 겪는다. 새로운 일을 처음 배울 때 잘 모르거나 잘 못하면 자신을 무능한 사람이라고 단정 짓고 포기해버리기 때문이다.

외로운 개인주의자형

외로운 개인주의자형은 남의 도움 없이 혼자서 모든 일을 다 할 수 있어야 한다고 믿는다. 도움이 필요하다고 느끼거나 남에게 도움을 청하는 것은 자신의 실패했거나 나약하다는 사실을 나타내는 증거라고 생각한다. 혼자 해결하기 어려운 일을 마주했거나 친구의 진심 어린 응원이 필요할 때에도 자신이 더 강해져야 하고 내 문제는 스스로 해결해야 한다고 믿는다.

이 유형의 가면증후군을 겪는 사람은 문제를 해결하는 방법도 남의 도움 없이 알아서 찾아야 한다고 믿기 때문에, 진짜 도움이 필요한 상황에 부딪히더라도 남에게 부탁하지 못하며 타인의 도움을 받아 해결하면 실패한 것과 다름없다고 여긴다.

전문가형

전문가형은 특정 주제에 대한 지식을 다 알 것으로 기대한다는 점에서 천재형과 비슷하다. 하지만 업무와 관련 없는 일반적인 분야까지도 전부 알아야 한다고 생각하는 천재형과 달리, 전문가형은 자신의 업무나 학업에 한해 모든 지식을 알아야 한다고 믿는다.

예를 들어 전문가형 가면증후군을 겪는 사람은 저녁 식사 메뉴 레시피를 인터넷에서 찾아보거나 수습 기간에 모르는 것을 질문하는 상황이 발생하면 '내가 무능하고 열심히 노력하지 않았기 때문이야'라며 스스로 비난하고 자책한다. 이런 사고방식은 새로운 것을 배울 때 자기 자신을 비난하지 않으면서 모르는 것을 질문하는 행동을 어려워하게 만든다.

슈퍼히어로형

슈퍼히어로형은 삶에서 주어지는 다양한 역할과 그에 따른 과업을 모두 해내고 전부 책임질 수 있는 능력을 갖춰야 한다고 믿는다.

이 유형의 가면증후군을 겪는 사람은 일, 학교, 사회, 개인의 삶에서 지나치게 많은 일을 떠맡게 되며, 휴식과 회복의 영역을 구분하는 경계를 설정하고 유지하는 데 어려움을 느낀다. 이들은 대체로 목표를 비현실적으로 높게 세우는데, 자신이 그만큼 해내지 못하면 심한 자책과 자기 폄하의 굴레에 빠진다.

완벽주의에서 벗어나기

○ **제스의 이야기**

제스는 항상 모든 것을 다 가진 사람으로 불렸다. 겉으로 보기에 제스는 '완벽한 사람' 그 자체였다. 집에서는 완벽한 남편이었고, 부모님에게는 완벽한 아들이었으며, 회사에서는 완벽한 직원이었다. 하지만 제스의 생각은 달랐다. 그는 모든 것이 거품이라고 생각했다.

어린 시절에 높은 성적을 받은 이후로 제스의 부모님은 그를 '완벽한 아이'로 대했다. 제스도 중학생 시절에는 친구들과 어울리면서 실수를 하기도 했다. 그때는 아무 문제가 없었다. 하지만 어느 순간부터 제스는 어머니가 자신이 실수를 저지르고 완벽하지 못한 모습을 보일 때면 그를 호되게 혼내거나 무시하는 것을 느꼈다. 성인이 된 그는 자신이 모든 면에서 완벽해져야 한다고 굳게 믿는 어른이 됐다.

이 믿음은 성인이 되어서까지 이어졌다. 제스는 대인관계에서도 완벽해지려고 애썼다. 외벌이 가장이었기에 가족을 부양하기 위해서 거의 매일 밤 야근을 했다. 완벽하기 위해 끊임없이 노력하면서도 행여 완벽하지 않은 모습을 보이면 아내가 자신에게 실망하고 떠나지는 않을까 두려웠다. 아내는 매일 일하느라 바쁜 남편에게 결국 지쳐버렸고, 제스에게 그동안 외로움과 소외감을 느꼈다고 고백했다. 그는 아내가 자신의 능력이 아닌 자신의 모습 그대로를 사랑했다는 사실을 마침내 깨달았다. 자신이 변해야 한다고 생각했기에 일하는 시간을 줄이고 아내와 보내는 시간을 늘리기 시작했다. 그러면서 아내가 자신을 떠나지 않을 것이며 자신은 있는 그대로의 모습으로도 사랑받을 수 있는 사람이라고 서서히 믿게 됐다.

가면증후군에 어떤 방식으로 반응하는가?

자신이 가면을 쓴 가짜인 것 같은 감정이 들 때 우리의 내면은 다양한 반응 방식을 취할 수 있다. 우리는 살면서 어려운 일을 겪을 때 문제와 시기에 따라 다양한 방식으로 대응한다. 가면증후군도 마찬가지다. 사람마다 내면의 비판자에 반응하는 방식이 다르다. 심지어 같은 상황을 겪어도 각기 다른 방식으로 반응하기도 한다.

지금부터 가면증후군으로 발생한 악영향에 대처하기 위해 임포스터들이 흔히 사용하는 다음 세 가지 반응 방식을 소개하려 한다. 여기서 당신은 자신의 반응 방식이 무엇인지 확인하는 것이 중요하다. 다음 세 가지 방식 중에서 찾을 수 없다면 이 책의 후반부에서 소개하는 여러 활동을 통해 찾을 수 있을 것이다.

먼저 사람들이 흔히 취하는 반응 방식을 알아보고, 이것들이 실제로 어떻게 작동하는지 구체적으로 살펴볼 것이다. 여기서 기억해야 할 점은 이러한 반응 방식이 단기적으로는 유익한 것처럼 보여도 장기적으로는 건강한 해결책이 아니라는 것이다. 가면증후군이 나타날 때 건강하게 반응하는 방법은 2부에서 배울 것이다.

한계를 넘어설 만큼 과로한다

'과로'는 가면증후군을 겪는 사람들이 흔히 취하는 반응 방식으로, 자신이 가진 역량과 에너지 한계를 넘어설 만큼 일하는 것을 말한다. 이 방식은 내가 수시로 이용했었기에 잘 알고 있다.

나는 과거에 가면증후군을 겪을 때 야근을 밥 먹듯이 했다. 가장 친한 친구에게 줄 완벽한 생일 선물을 찾느라 밤늦게까지 깨어 있던 적도 있었다. 당신도 "반드시 완벽해야 해", "도움을 요청해서는 안 돼", "모두가 너만 바라보고 있는데 더 많이 일해야지"라고 말하는 내면의 비판자를 잠재우기 위해 과로를 선택했을 수도 있다. 과로가 자신이 무능력하다는 느낌에 대한 방어기제이기는 하나, 오히려 내면의 비판자의 힘을 키우는 역할을 한다.

실패가 두려워 회피한다

가면증후군에 반응하는 또 다른 방식은 '회피'다. 회피는 의식적으로 혹은 무의식적으로 특정 대상으로부터 거리를 두거나 특정 행동을 하지 않는 것을 말한다. 이를테면 당신은 좋아하는 사람에게 거절당할지 모른다는 두려움 때문에 데이트 신청을 회피하고 있을 수 있다. 혹시나 거절당하면 자신이 매력 없고 실패한 사람이라고 내면의 비판자가 비난할까 봐 스스로 보호하는 것이다.

그러나 회피는 내면의 비판자를 잠재울 수는 있어도 완전히 없애지는 못한다. 비판자의 목소리가 계속 남아 있는 한 당신은 자신의 삶을 더욱 만족스럽게 만들어 줄 건강한 위험을 감수하지 않으려 할 것이다.

힘들다는 말을 하지 못한다

마지막 반응 방식은 '비밀 엄수'다. 남들이 알 수 없게 숨기는 행동을 뜻하는 비밀 엄수는 여러 형태로 나타날 수 있다. 가령 당신은 마음이 불안해서 힘들다는 사실을 그 누구에게도 말하지 않을 수 있다. 심리상담사의 도움도 받으려 하지 않을 수 있다. 비밀 엄수 반응을 취하고 누구의 도움도 받지 않으면 나약하고 실패한 것 같은 느낌에서 벗어날 수 있기 때문이다.

자신의 실수, 단점, 한계, 욕구, 감정을 숨겨 내면의 비판자가 나타나지 않게 만드는 비밀 엄수 방식은 다른 방식들보다 쉽게 느껴질 수 있다. 하지만 감춰야 할 것들이 많아지면 그만큼 부담감이 커지고 결국에는 어떤 성취에도 만족감을 느끼지 못하게 된다.

완벽을 추구하는 한
마음의 평안은 결코 얻을 수 없을 것이다.

레프 톨스토이

핵심 정리

자신을 향한 혹독한 비난을 멈춰라

이 장에서는 저마다 달성 불가능한 기준을 가진 다섯 가지 가면증후군 유형을 살펴보고, 유형마다 비현실적인 목표를 이루지 못한 자신을 어떻게 질책하는지 알아보았다. 또한 완벽주의자형 가면증후군을 경험한 제스의 사례를 보면서, 가면증후군이 가져올 부정적 영향을 피하기 위해 우리가 이용하고 있지만 실은 전혀 도움이 되지 않는 반응 방식들에 대해서도 살펴보았다.

- 어린 시절에 들었던 메시지들은 성인이 된 후 내면의 비판자의 모습으로 나타나 비현실적인 기준을 스스로 세우게 만든다.
- 어느 유형이든 상관없이 내면의 비판자는 실현 불가능한 높은 기준에 도달하지 못한 자신을 혹독하게 비난한다.
- 임포스터들은 각자 다른 방식으로 가면증후군의 악영향에 반응한다.
- 가면증후군에 대처하는 건강한 반응은 2부에서 살펴볼 것이다.

2부

실패가 두려운 완벽주의자를 위한 심리 처방

The Imposter Syndrome Workbook

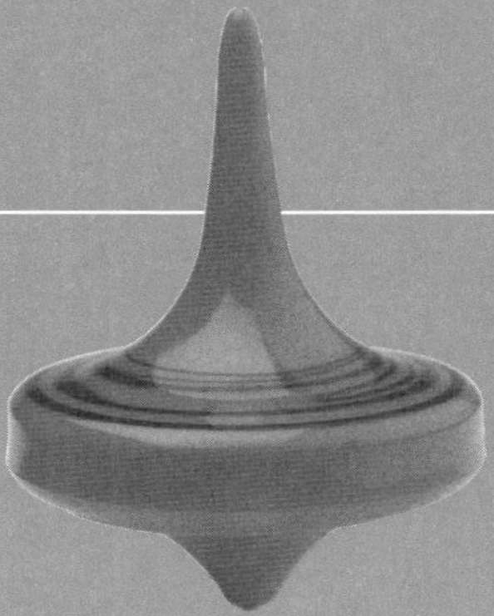

가면증후군 극복을 위한 첫 단계를 잘 마친 당신. 여기까지 온 것만 해도 대단하다! 이제 2부에서는 1부에서 배운 내용을 바탕으로 가면을 벗고 원래의 자신을 드러내는 구체적인 전략들을 배울 것이다. 2부에서 주로 하게 될 활동은 자기 성찰self-reflection이다. 자기 성찰은 내면의 비판자를 사라지게 하고 자신을 있는 그대로 온전히 받아들일 수 있게 도와준다.

자기 성찰을 하는 동안 불편하거나 불쾌한 감정을 마주할 수 있는데, 이는 지극히 정상적인 반응이다. 그럴 때는 자신을 너그럽게 대해주자. 기억해라. 당신은 지금 엄청난 변화를 만드는 중이다. 이 변화의 여정 끝에는 자기를 신뢰하고 자신감이 넘치며 성취감을 느끼는 삶이 기다리고 있다.

4장

부정적 자기 대화로부터 한걸음 물러서라

부정적 자기 대화는 가면증후군을 일으키는 주요 요인이다. 부정적 자기 대화는 내면의 비판자가 속삭이는 말을 모두 진실이라고 믿게 만든다. 하지만 부정적 자기 대화의 메시지는 나에 관한 진실이 아니다. 자신이 가면을 쓴 사기꾼처럼 느껴질 때 들려오는 내면의 헛소리일 뿐이다. 이 중요한 사실을 당신이 꼭 기억하기 바란다.

가면증후군에서 벗어나려면 부정적 자기 대화로부터 한 걸음 물러서는 것이 중요하다. 그래야 부정적 자기 대화의 메시지를 객관적인 시각으로 바라볼 수 있다. 부정적 자기 대화와 거리를 두면 그 메시지의 진위에 의구심이 생긴다. 이 장에서는 부정적 자기 대화로부터 한 걸음 물러서서 내면의 비판자를 의심하는 방법을 배울 것이다. 자기 비난의 메시지에 의문을 갖고 그것이 거짓임을 알게 되면, 자기 자비self-compassion의 메시지를 받아들일 수 있는 마음의 여유가 생기고 지금의 나로도 충분하다고 느낄 수 있게 된다.

내면의 목소리를 이해하다

○ **아니야의 이야기**

아니야의 부모님은 항상 성실하게 일하시는 분들이었다. 아니야는 바쁜 부모님을 대신해서 학창 시절 내내 밤마다 어린 동생들을 돌보았다. 가족들에게 더 나은 삶을 선물하고자 밤낮없이 일하시는 부모님을 보며 자란 아니야는 자연스럽게 일이 개인의 삶보다 더 중요하다고 믿게 됐다.

아니야는 대학을 졸업한 뒤 곧바로 원했던 분야의 유급 인턴십에 합격했다. 그러나 합격의 기쁨은 오래가지 않았다. 퇴근 후에는 상사가 보낸 이메일과 문자에 회신하느라 쉴 수 없었고, 주말에는 주중에 밀린 일을 처리하느라 바빴다. 아니야는 상사에게서 "잘했다"는 칭찬을 듣기는커녕 "일을 왜 이렇게 못하냐"는 핀잔을 자주 들었다. 인정받는다는 느낌을 받을 수 없던 그녀는 결국 번아웃에 빠지고 말았다. 아니야는 자신이 아무리 노력해도 충분해질 수 없을 것 같았다.

하지만 새로운 회사로 옮기고 난 뒤로 아니야의 생각이 바뀌기 시작했다. 이직하고 나니 전 직장에서의 일들이 자신의 내면에 부정적인 영향을 미쳤다는 사실을 깨닫게 됐다. 새 회사는 팀 분위기도 좋았고 월급도 전보다 많았으며 업무량도 적당했다. 그녀는 상사와 동료들에게 인정과 칭찬을 받으면서 '너는 부족한 사람이니까 일도 잘 해내지 못할 것'이라고 비난하는 내면의 비판자에게서 한 걸음 물러설 수 있게 됐다. 또한 내면의 비판자가 속삭이는 메시지가 첫 직장에서 들었던 비난과 항상 근면 성실을 강조하셨던 부모님의 말씀으로 이루어졌음을 깨달았다. 이로써 아니야는 회사 안에서나 밖에서나 자신을 신뢰하는 사람이 되었다.

내면의 비판자를 의심하라

아니야의 사례에서 보았듯이 부정적 자기 대화로부터 살짝만 거리를 두어도 이를 의심하기가 훨씬 쉬워진다. 아니야의 경우 건강한 일터로 이직한 덕분에 자기 비난의 메시지를 보다 객관적인 시선으로 바라볼 수 있게 됐다. 전보다 나은 새로운 환경으로 옮기고 나니 비로소 자신의 가치를 있는 그대로 인정하지 않았던 전 직장 사람들과 당시의 사건들이 기억나기 시작한 것이다. 아니야는 자신이 틀림없이 진실이라고 믿었던 자기 비난의 메시지들이 단 한 순간도 진실이었던 적이 없었다는 사실을 서서히 깨닫게 됐다.

아니야의 이야기는 부정적 자기 대화와 거리를 두고 그 메시지가 진짜인지 의심하기 시작할 때 어떤 놀라운 일이 일어나는지를 보여주는 훌륭한 사례다. 부정적 자기 대화로부터 한 발 멀어지는 방법은 다양하므로 이 중에서 자신에게 맞는 것을 고르면 된다. 자기비판의 메시지와 거리를 둘수록 자기 자비를 발휘할 마음의 여유가 더 많아질 것이다.

여기서 자기 자비란 무슨 뜻일까? 자기 자비의 핵심은 자신이 어려운 상황에 처했을 때, 스스로 비난하기보다는 소중한 친구를 대하듯 너그럽게 이해하고 돌보는 것이다. 자기 자비는 부정적 자기 대화에 반대되는 개념으로 긍정적인 감정을 형성한다. 자기 자비를 잘 발휘하면 자존감과 자기 신뢰가 높아지며 내면의 비판자가 사라지므로 결국 가면증후군에서 벗어날 수 있게 된다.

어린 시절의 경험이 큰 영향을 미친다

사람들은 저마다 자기 자신에 대한 특정한 믿음을 갖고 있다. 어떤 믿음은 과거의 경험으로 형성되는데, 그중에서도 어린 시절의 경험처럼 아주 오래전에 겪은 일이 큰 영향을 미치기도 한다.

부모·양육자가 아이를 어떤 방식으로 양육하느냐에 따라 아이가 자신과 타인을 부정적으로 인식할 수도 있다. 가령 부모·양육자에게 애정을 적게 받거나 혹은 전혀 받지 못하고 자란 아이는 남의 눈치를 많이 보는 어른으로 자랄 수 있다.

다시 말해 지금 우리가 경험하는 부정적 자기 대화가 어린 시절의 경험을 바탕으로 지어낸 말임을 알아차리면, 내면의 비판자가 하는 말을 더는 믿지 않게 된다.

당신이 자주 들었던 부정적 자기 대화의 메시지를 하나 떠올려보고, 이 메시지와 관련 있는 어린 시절의 경험이 무엇인지 생각해보자.

당신은 자신에게 얼마나 자비로운가?

다음은 자기 자비를 발휘하는 네 가지 행동과 그에 관한 설명이다. 다음 문장을 읽고 자신의 상황과 가장 가까운 숫자에 표시해 보자.

0: 전혀 그렇지 않다	1: 거의 그렇지 않다	2: 가끔 그렇다
3: 자주 그렇다	4: 거의 대부분 그렇다	5: 항상 그렇다

- **용서** _ 실수나 실패를 하고 나서 자기 자신을 용서하면 실수로부터 배우고 성장할 수 있다. 당신은 얼마나 자주 자신을 용서하는가?

  0 1 2 3 4 5

- **자기 돌봄** _ 자신을 잘 돌보면 번아웃을 예방할 수 있고 삶의 의욕과 만족이 더욱 커진다. 당신은 지난 일주일 동안 자신을 얼마나 돌보았는가?

  0 1 2 3 4 5

- **자기 확언** _ 자신에게 따뜻한 응원의 말을 건네면 나라는 존재를 있는 그대로 인정할 수 있고 감사함을 느끼게 된다. 당

신은 얼마나 자주 자신에게 따뜻한 말을 건네는가?

0 1 2 3 4 5

- **친절한 행동** _ 자신뿐 아니라 남에게 친절함을 베푸는 것도 자기 자비를 발휘하는 방법이다. 당신은 얼마나 자주 타인에게 친절하게 행동하는가?

0 1 2 3 4 5

결과 해석: 각 행동마다 0~2에 표시했다면 연습으로 나아질 수 있다는 뜻이다. 이 책을 읽는 동안 자기 자비를 발휘하는 연습을 계속하다 보면 분명 좋아질 것이다. 3~5에 표시했다면 당신이 이미 잘하고 있다는 뜻이다. 앞으로도 계속해서 자신에게 너그럽게 대하길 바란다.

내면의 비판자를 상상해보자

우리는 가끔 내면의 비판자가 속삭이는 비난의 목소리를 진짜 내 목소리라고 착각한다. 하지만 앞에서 배웠듯 내면의 비판자가 전하는 메시지는 오랜 세월 타인이 했던 말이나 행동이 층층이 쌓여 이루어진 것이다. 내면의 비판자가 하는 말을 나와 관련

없는 생각이라고 생각하면 진짜 내 목소리가 더 크게 들리게 되고, 내 목소리에 귀를 기울이다 보면 내 마음을 존중하고 돌볼 수 있게 된다.

만약 내면의 비판자가 동물이나 상상 속 존재라고 가정한다면 어떤 모습일 것 같은지 생각해보자. 목소리 크기와 톤은 어떨 것 같은가? 어떤 행동을 하고 어디에서 살 것 같은가?

어쩌면 입만 열면 빠른 속도로 거짓말을 늘어놓는 검은 털북숭이 거미이거나, 잔뜩 화가 난 얼굴을 하고 낮은 목소리로 우렁차게 포효하는 사자일 수도 있다. 당신의 내면에 존재하는 비판자가 어떤 모습일지 상상해보고 종이에 그림을 그려보자. 멋지게 그릴 필요는 없다. 색깔도 모양도 원하는 대로 자유롭게 그리면서 당신의 창의성을 발휘해보자. 그림이 어렵다면 글로 표현해도 좋다.

불가능한 기준 없애기

45~48쪽에서 다섯 가지 가면증후군 유형을 각각 살펴보았다. 만약 당신이 슈퍼히어로형 가면 증후군을 겪고 있다면 항상 사람들을 대신해서 모든 일을 도맡아 하던 아버지의 영향 때문일 수 있다. 그런 아버지를 보며 자랐기 때문에 슈퍼히어로처럼 살아야만 타인의 인정을 받을 수 있다고 믿게 되었을지 모른다. 자신이 겪고 있는 가면증후군 유형이 무엇인지 알면 내면의 비판자가 속삭이는 말이 그저 과거 경험이 만들어낸 헛소리일 뿐이라고 인지할 수 있게 된다.

지금부터는 당신의 가면증후군 유형을 찾아보고, 과거의 어떤 경험 때문에 이 현상을 겪고 있는 것 같은지 생각해보자. 다섯 가지 유형 모두 자신의 상황과 맞지 않는다면 자신만의 가면증후군 유형을 자유롭게 만들어도 좋다.

자신이 세운 불가능한 기준을 좀 더 현실적으로 수정해본다면 어떻게 바꿀 수 있을까?

다른 사람이 무슨 일을 얼마나 많이 하는지와 상관없이 나는 매 순간 최선을 다한다.

질책하기에서 너그럽게 대하기로

이번 활동에서는 당신이 그동안 직장과 학교에서 혹은 주변 사람들과 대화할 때 들었던 자기 비난의 메시지를 두세 가지 정도 살펴볼 것이다.

자기 비난의 메시지	가면증후군 유형	이 유형의 가면증후군은 나를 어떻게 질책하는가?	자기 자비의 메시지
예시: 너는 나약하고 멍청한 사람이야. 다른 사람들의 도움을 받으며 일하고 있기 때문이지. 그러니 더 열심히 노력해야 해.	외로운 개인주의자형	나는 혼자서 모든 것을 해내야 해. 결국 나는 번아웃에 빠졌고 다른 사람들과도 단절됐어.	도움을 받아도 괜찮아. 다른 사람에게 도움을 요청해서 함께 해내면 유대감과 성취감이 더 크게 느껴질 거야.

70쪽 표처럼 이 메시지들이 다섯 가지 유형의 가면증후군 중에서 어느 유형에 가까운지 생각해보고, 그 유형의 가면증후군이 당신에게 도움 되지 않는 방식으로 작동했던 사례를 하나만 떠올려보자. 마지막으로 당신에게 힘을 주는 자기 자비의 메시지를 마지막 칸에 적어보자.

이 활동을 하는 목적은 자기 비난이 당신의 인생에 도움이 되지 않는다는 사실을 깨닫게 해서 당신이 내면의 비판자로부터 멀어지도록 만드는 것이다.

내면의 비판자와의 인터뷰

내면의 비판자가 하는 말들은 꽤 오랫동안 당신이 경험한 말과 행동이 모여 만들어진 것이다. 내면의 비판자가 자신의 일부인 것 같고 자기 비난의 말이 진실인 것 같으며 이런 부정적인 말들이 그동안 자신을 여러모로 지켜준 것처럼 느껴질 수도 있다. 이번 활동에서 당신은 내면의 비판자를 인터뷰할 것이다. 내면의 비판자에게 질문을 던지면서 이 존재가 당신을 진짜로 보호하고 있는지 확인할 수 있다.

먼저 당신이 자주 경험하는 자기 비난의 메시지를 하나 골라본다. 그 메시지를 머릿속에 계속 떠올리면서 내면의 비판자에게 다음 질문들을 던져보고 답변을 질문 아래에 적으며 인터뷰를 진행해보자.

Q 내면의 비판자 씨, 당신이 가장 두려워하는 일이나 자주 걱정하는 최악의 상황은 무엇인가요?

____

____

Q 당신은 그동안 나를 어떻게 보호하거나 도와주었나요? 당신이 가장 두려워한 일로부터 나를 보호했던 예가 있다면 한 가지만 말씀해주세요.

____

____

Q 당신은 그동안 나를 어떻게 질책했나요?

____

____

Q 만약 당신이 나를 비난하고 질책하지 않았다면, 나는 어떻게

되었을 것 같나요?

Q 당신이 나타나지 않을 때 나는 나를 어떻게 돌볼 수 있을까요? (과거에 비판자의 목소리가 들리지 않았을 때, 내가 나를 어떻게 돌보았는지 기억을 떠올려보자.)

내면의 비판자와 멀어지는 연습

지금부터 마음챙김mindfulness 명상 가이드를 따라 하면서 내면의 비판자와 멀어지는 연습을 해보자. 이 활동을 통해 당신은 내면의 비판자가 속삭이는 메시지로부터 신체적·정신적으로 거리를 둘 수 있고, 이로써 비판자의 정체를 더욱 확실하게 알 수 있게 된다.

1. 조용하고 편안한 공간을 찾아 바닥에 눕거나 편안한 자세

로 앉는다. 원한다면 눈을 감아도 좋다.

2. 몇 차례 숨을 깊게 들이마신다. 3초간 코로 숨을 들이마시고 2초간 숨을 멈춘 뒤, 다시 3초간 입으로 숨을 내쉰다. 이 '3-2-3 호흡법'을 3~4차례 실시하거나 마음이 차분해질 때까지 반복한다.
3. 내면의 비판자가 했던 자기 비난의 말을 하나 떠올려본다. 이 말을 생각하는 동안 몸에서 불편함이 느껴지는 부위가 어디인지 알아차린다. 가슴이나 어깨 등 특정 신체 부위가 무거워지는 것 같거나, 긴장감 혹은 열기를 느낄 수도 있다.
4. 불편하거나 이상하게 느껴지는 부위를 찾았다면 그곳이 바로 내면의 비판자가 머무르는 곳이다. 이제는 그 존재에게서 멀어지는 연습을 할 차례다.
5. 3-2-3 호흡법으로 다시 돌아가자. 숨을 내쉴 때마다 당신이 불편하게 느낀 그 부위에 머물던 내면의 비판자가 서서히 떠나는 모습을 머릿속으로 상상해본다.

나를 더는 도와주지 않는 것들을 가끔씩 내보내고, '나는 지금 무엇이 필요한가?' 자신에게 질문해야 한다.

내가 원하는 것을 적어보라

자기 자비는 자기를 질책하고 비판하는 상황에서도 자신에게 친절하고 너그러운 태도를 보이는 것이다. 다음은 자기 자비의 태도를 보여주는 행동을 나열한 목록이다. 먼저, 내면의 비판자가 나타나지 않을 때 다음의 행동 중에서 한두 가지를 연습해보자. 이렇게 몇 차례 연습해보고 다음번에 내면의 비판자가 나타나면 이 행동들을 똑같이 해보는 것이다. 자기 자비를 실천하는 행동에 관한 아이디어가 떠오른다면 포스트잇에 자유롭게 적어보자. 이미 하고 있는 행동이든 앞으로 연습하고 싶은 행동이든 상관없다.

- 제일 좋아하는 음식 먹기, 따뜻한 물에 목욕하기, 가장 좋아하는 TV 드라마 전편 몰아보기.
- 속마음을 일기에 적거나 친구에게 털어놓기.
- 나에게 따뜻한 말을 해주기 또는 일기장에 쓰기. (힌트: 무슨 말을 해야 할지 잘 모르겠다면 당신이 진심으로 아끼는 친구에게 해줄 것 같은 말을 떠올려보자.)
- 배우자나 가족에게 집안일을 도와달라고 부탁하기, 직장

동료에게 업무에 대한 도움을 요청하기.

- 오늘 하루 동안 다른 사람에게 친절을 베풀기, 오랜 친구에게 안부 묻기, 자선단체나 도서관에서 봉사하기, 배우자에게 내가 당신을 얼마나 사랑하고 아끼는지 말해주기.

내면의 비판자가 하는 말이 전부 진실은 아니다

당신은 내면의 비판자가 하는 말을 절대적 진리라고 생각할 수 있다. 그래서 다른 사람들이 그와 반대되는 말을 하더라도 당신은 그 말을 믿지 않을 수도 있다. 하지만 당신의 마음 일부는 내면의 비판자가 항상 진실만 말하지는 않는다는 사실을 이미 눈치챘을지 모른다. 이 사실을 진정으로 깨달으면 자기 비난 없이 나의 실력을 그대로 인정할 수 있고 결국에는 가면증후군도 극복할 수 있다.

내면의 비판자가 한 말이 틀렸던 경험을 떠올려보고 그때 어떤 생각이 들었는지 아래에 적어보자.

____

____

____

나는 나를 진심으로 걱정한다

이번 활동에서는 내면의 비판자가 당신에게 도움이 되지 않았던 예시를 살펴보면서 내면의 비판자를 의심하는 연습을 할 것이다. 다음의 체크리스트를 하나씩 살펴보면서 자신에게 해당하는 항목에 표시해보자.

내면의 비판자는 내가…

- ☐ 번아웃에 빠지고 과로하게 만든다.
- ☐ 남에게 도움을 부탁하기 어렵게 만든다.
- ☐ 외로움을 느끼게 한다.
- ☐ 무능하다고 믿게 만든다.
- ☐ 영원히 부족한 존재일 것이라고 느끼게 한다.
- ☐ 사람들에게 거부당하거나 버림받을 것이라고 믿게 만든다.
- ☐ 실수하거나 완벽하지 않기 때문에 나약하고 실패한 존재라고 느끼게 한다.
- ☐ 사랑과 관심은 조건부라서 노력해서 얻어야 한다고 믿게 한다.
- ☐ 할 일을 미루게 한다.
- ☐ 창피하고 불안할 것 같은 상황이 실제로 일어날까 봐 걱

정하게 한다.

- □ 주변 사람들과의 관계나 직장에서 건강한 경계를 설정하고 유지하기 어렵게 만든다.

목록에서 표시한 항목 중 1~3개만 골라보자. 만약 당신이 자신에게 너그럽게 대할 수 있다면 어떻게 도와줄 것 같은가? 예를 들어 내면의 비판자 때문에 친구가 나를 거절할 것 같은 기분이 든다면, 친구가 내게 했던 말과 나를 위해 보여준 행동을 떠올리면서 나의 마음에 공감해줄 수 있을 것이다.

지금부터는 체크리스트에서 표시한 항목들을 다시 읽어보면서 이 감정들을 겪고 있는 나에게 어떤 공감의 말과 행동을 해줄 수 있을지 아래 하트 모양 그림에 적어보자.

자신에게 너그럽게 대하기

내면의 비판자를 사라지게 하고 가면증후군에서 벗어나려면 자신을 너그럽게 이해하고 돌보는 태도가 필요하다. 자기 자비를 발휘하는 방법으로는 자신에게 따뜻한 말 건네기, 과거의 실수와 후회를 마음에서 없애기, 나 자신을 잘 돌보기가 있다.

이번 활동에서는 자기 자비의 마음으로 내면의 비판자를 만나본다. 내면의 비판자가 당신에게 비난하는 말을 속삭이면 자기 확언의 말을 해주고, 자신에게 따뜻한 말을 건네고, 너그럽게 대해주고, 기분이 좋아지는 활동을 할 것이다. 만약 내면의 비판자가 당신에게 "너는 무능해. 동료들에게 일을 도와달라고 부탁했잖아"라고 말하면, 자비로운 내면의 응원자self-compassion voice는 "도움을 요청해도 괜찮아. 우리는 모두 가끔 다른 사람의 도움이 필요하거든"이라고 반응할 수 있다.

다음의 상황을 읽어보고 당신이라면 이 상황에서 자신에게 너그럽게 대하기 위해 어떻게 행동할 것 같은지 생각해보자. 생각이 잘 떠오르지 않는다면 이와 비슷한 상황에 놓인 친구에게 당신이 어떤 말이나 행동을 했을 것 같은지 생각해보는 것도 도움이 된다.

내면의 비판자 때문에 직장에서 사기꾼이 된 것 같은 기분이 든다면, 나는 나에게 따뜻한 지지를 보내기 위해 (   )을(를) 할 수 있다.

내면의 비판자가 인간관계에서 나를 깎아내리려 할 때, 나는 나에게 따뜻한 지지를 보내기 위해 (   )을(를) 할 수 있다.

내면의 비판자가 '너는 친구보다 부족한 사람이야'라고 속삭인다면, 나는 나에게 따뜻한 지지를 보내기 위해 (   )을(를) 할 수 있다.

내면의 비판자가 나를 가족들 중에서 실패한 사람처럼 느끼도록 한다면, 나는 나에게 따뜻한 지지를 보내기 위해 (　　)을(를) 할 수 있다.

____

____

____

내면의 비판자가 나를 학교에서나 사회적 상황에서 멍청하고 무능하다고 느끼도록 한다면, 나는 나에게 따뜻한 지지를 보내기 위해 (　　)을(를) 할 수 있다.

____

____

____

____

나는 불안하기만 한 존재가 아니다. 불안은 그저 내가 경험한 여러 감정 중 하나일 뿐이다. 불안함은 단지 그 순간에 좀 더 많은 사랑과 관심을 원한다는 신호이다.

내면의 비판자에게 사랑을 표현하기

우리는 내면의 비판자 또한 공포와 두려움, 슬픔, 낙담과 같은 감정을 느낀다는 사실을 배웠다. 내면의 비판자는 당신이 타인보다 부족한 사람으로 보일까 봐, 혹은 타인에게 계속해서 거부당하거나 상처받을까 봐 두려워한다. 내 안에 있는 이 존재를 안정감과 보살핌을 원하는 아이라고 생각한다면, 비판자의 취약성과 나의 취약성을 당당하게 드러낼 수 있다.

당신이 두려움에 떨고 낙담해 있을 때 내면의 비판자에게 어떤 말을 자주 들었는지 생각해보자. 그리고 그 말을 하고 있는 내면의 비판자는 어떤 모습을 하고 있을지 상상해보자. 이 존재에게 관심과 사랑을 표현하기 위해 당신은 어떤 말을 건넬 것 같은가?

현실적인 기준 세우기

내면의 비판자가 세운 불가능한 기준은 가면증후군 증상을 더욱 악화시킨다. 그러므로 당신이 가능하다고 믿고 있는 목표나 기준이 실제로는 불가능하다는 사실을 알아차리는 것이 중요하다. 이번 활동에서는 내면의 비판자가 하는 말의 비현실적인 측면을 찾아내서 내면의 비판자를 의심하는 연습을 할 것이다.

또한 자신이 어떤 비현실적인 기준을 갖고 있는지 알아본다. 대인관계와 관련이 있을 수도 있고, 직장이나 학교, 사회적 상황과 관련된 기준일 수도 있다. 잠시 시간을 내서 자신이 세운 기준이 비현실적일 수 있다고 의심해보자. 이때 이 기준을 달성하려고 수단과 방법을 가리지 않고 노력했던 과거의 기억이 떠오를 수도 있다.

마지막으로 이러한 비현실적인 기준을 현실적인 기준으로 수정해보자. 과거에 현실적인 기준을 달성하고 난 뒤 자신의 능력과 노력에 만족감을 느꼈던 경험을 떠올려보면 비현실적인 기준을 어떻게 수정하면 좋을지 아이디어를 얻을 수 있을 것이다.

달성할 수 없는 비현실적인 기준	비현실적인 기준을 의심하는 말	달성할 수 있는 현실적인 기준
예시: 나는 항상 완벽해야 한다.	모든 사람은 실수한다. 완벽함은 절대 달성할 수 없다.	실수하더라도 최선을 다한다.

자기 자비 캘린더

지금까지 우리는 내면의 비판자를 몰아낼 때 자신에게 너그럽게 대하는 것이 왜 중요한지 배웠다. 이제부터는 배운 내용을 직접 실천해볼 차례다. 85쪽의 캘린더를 이용해서 자신을 포용하고 돌보는 활동을 매일 1~3가지씩 일주일 동안 실천해보자. 무엇을 할 수 있을지 생각해보고 캘린더의 빈칸에 적어보자. 이미 하고 있는 활동을 적어도 좋다.

자기 자비를 실천하는 일이 처음에는 어색하고 힘들 수 있지만 계속 실천할수록 자연스럽고 편해진다. 이렇게 자기 자비의 행동이 익숙해지면 내면의 비판자를 다루는 일도 더욱 쉬워질 것이다.

	아침	점심	저녁
월요일	다음 주 휴식 계획을 미리 세우기		나에게 잘했다고 칭찬해주기
화요일		사랑하는 사람이나 동료에게 도와달라고 부탁하기	
수요일	내 기분 관찰하기		이번 주에 부탁받은 일 중에서 원하지 않는 일을 한 가지 거절하기
목요일			사랑하는 사람에게 안아달라고 말하고 포옹하기
금요일		이번 주에 해낸 일 중에서 자랑스러운 일을 하나만 써보기	
토요일		나에게 내가 좋아하는 것을 선물해 주기	
일요일	이번 주에 했던 실수와 그 실수에서 배운 교훈을 한 가지씩 떠올려보기		잠들기 한 시간 전에는 모든 전자제품을 멀리하고 숙면 취하기

완벽주의 뒤에는 두려움이
도사리고 있다는 사실을 기억하라.

데이비드 M. 번즈

핵심 정리

너그러운 마음으로 자신을 대하라

2부의 첫 장을 마무리하면서 지금까지 우리가 다룬 내용을 상기하는 시간을 가져보려고 한다. 내면의 비판자와 거리를 두는 일은 나 자신을 그대로 받아들이기 위한 첫 단계이자 꼭 필요한 과정이다. 내면의 비판자로부터 한 발짝 물러서면 자기 비난의 말이 더 분명하게 들리면서 그것이 절대적 진리가 아님을 알게 되고, 오히려 그 말이 나의 성장을 방해했다는 사실을 깨달을 수 있다.

- 내면의 비판자와 거리를 두면 비판자의 말을 더욱 객관적이고 정확하게 볼 수 있다.
- 내면의 비판자가 하는 말을 의심하다 보면 이 말이 과거의 경험으로 만들어졌다는 사실을 알 수 있다.
- 자기 자비란 어렵고 힘든 상황에서 자기 자신을 돌보고, 친절하게 대하며, 자신의 잘못이나 실수를 너그럽게 용서하는 태도를 말한다.
- 자기 자비를 많이 발휘할수록 자기 비난의 목소리가 줄어든다.

5장

나를 불안하게 하는 트리거를 찾아라

4장에서는 내면의 비판자와 거리를 두면 자기를 비난하는 메시지를 의심할 수 있게 될 뿐만 아니라, 내면의 비판자를 부르는 자극인 '트리거trigger'(과거의 기억을 상기시켜 특정 행동이나 반응을 유발하는 자극 – 옮긴이)도 발견할 수 있다고 배웠다.

가면 감정을 촉발시키는 트리거는 사람마다 다르다. 내면의 비판자를 잠재우기 위해서는 가면 감정을 자극하는 나의 트리거가 무엇인지 찾는 것이 중요하다. 트리거는 특별한 환경이나 상황일 수도 있고, 부정적인 피드백처럼 무능함을 느끼게 만드는 지적이나 비판일 수도 있다.

나의 트리거가 무엇인지 알면 자신이 가면증후군을 겪는 이유를 이해할 수 있고, 부정적 자기 대화를 없애는 더 효과적인 방법도 찾을 수 있다. 내면의 비판자를 침묵시키는 방법을 알고 있다는 사실만으로 자기 신뢰의 삶에 한 발 더 가까워질 수 있다.

자기 수용의 여정

○ 안토니오의 이야기

안토니오는 가족들 사이에서 자신이 사기꾼인 것 같은 기분을 느끼며 자랐다. 가족들은 안토니오에게 '남자다움'을 가르쳤다. 특히 아버지는 안토니오에게 남자이기 때문에 무엇이든 뛰어나야 한다고 늘 강조했다. 만약 안토니오가 부족한 모습을 보이면 '남자답지 못하다'라며 혼을 냈고, 남자처럼 입고 말하고 행동해야 한다고 다그쳤다.

한번은 안토니오가 파스텔 색깔의 셔츠를 입고 나타나자 안토니오의 아버지는 "남자 망신 다 시키려고 작정했구나"라고 화를 내면서 당장 어두운색 옷으로 갈아입고 나오라고 한 적도 있었다. 아버지는 안토니오가 운동하는 모습조차 못마땅해했다. 축구나 농구 경기를 할 때면 안토니오에게 좀 더 공격적으로 뛰라고 나무랐다. 하지만 안토니오는 늘 아버지와 생각이 달랐다. 그는 그저 자신의 모습대로 살기를 원했다. 그러나 아버지의 날 선 비난을 듣고 나면 자신이 한 인간이자 남자로서 부족한 것 같고, 집안 망신을 시키고 있는 것만 같았다.

안토니오는 아버지께 비난을 듣고 나면 자신이 부족한 사람이라는 생각이 커진다는 사실을 알아차렸다. 집 밖에서는 자신이 다른 사람이 된 것 같았기 때문이다. 대학에서 수업을 들을 때나 자신을 있는 그대로 받아 주는 친구들과 있을 때는 스스로 괜찮은 사람이라고 느꼈다. 다른 사람을 행복하게 해주기 위해 '남자답게' 행동해야 한다는 생각이 들지 않았다. 안토니오는 집에서 아버지가 자신에게 '남자처럼' 행동하라고 압박하는 말이 부정적 자기 대화를 일으키는 트리거였다는 사실을 깨달았다. 자신의 트리거를 알게 되자 안토니오는 아버지가 자신을 비난할 것 같을 때마다 이것이 트리거임을 알아차렸다. 그리고 세상에는 여러 유형의 남자가 있고 지금 모습 그대로도 충분하다고 자신에게 말해주었다. 이렇게 안토니오는 내면의 비판자를 잠재우고 자신을 있는 그대로 받아들이며 이해하는 사람으로 조금씩 바뀌었다.

나의 트리거를 잘 다루려면

심리적 방아쇠를 말하는 '트리거trigger' 또는 '트리거가 작동하다being triggered'(고통스러운 기억이 되살아나는 것을 말함 – 옮긴이)라는 말은 보통 부정적인 의미로 해석된다. 누구든 할 수만 있으면 트리거가 일으킨 가면 감정에서 벗어나 마음의 안정을 찾고 싶을 것이다. 트리거가 작동하는 현상이 나쁘거나 잘못된 일은 아니다.

불쾌함을 유발하는 자극이 일어날 때 이에 대응하려는 인간의 자연스러운 반응일 뿐이다. 당신도 트리거가 작동해서 잊고 싶은 트라우마나 극도의 스트레스 상황이 머릿속에 떠오르면 격렬하게 반응할 수 있다.

트리거가 작동하는 일이 불쾌한 경험이기는 해도 자신이 어떤 상황에서 불편함을 느끼는지 찾을 수 있는 엄청난 단서를 제공하기도 한다. 이 정보를 알고 있다는 것은 마치 가면증후군을 극복하는데 필요한 좋은 무기를 장착한 것과 같다. 당신의 트리거는 당신한테만 작동하기 때문에 자신의 트리거가 무엇인지 알면 불편한 감정과 부정적 자기 대화를 촉발하는 근본 원인이 무엇인지 찾을 수 있다.

앞 사례에서 안토니오는 부정적 자기 대화를 일으키는 원인, 즉 트리거가 아버지의 비난이었음을 깨달았다. 사실 안토니오가 들었던 부정적 자기 대화의 메시지들은 아버지의 말씀과 비슷했고, 본인이 수년간 자기 자신을 비난하며 했던 말도 그 안에 있었다. 그중 하나가 자신은 남자답지 않다는 말이었다. 하지만 사례에서 보았듯이 안토니오는 자신의 트리거를 인지하게 되면서 트리거를 더 잘 다룰 수 있게 되었고, 이로써 가면 감정에서 벗어나 한 명의 인간이자 남자로서 지금도 충분히 괜찮은 사람이라고 믿을 수 있게 됐다.

천천히 살펴보기

트리거가 작동하면 정신적인 충격에 압도당할 수 있다. 마치 사방이 막힌 폐쇄된 공간에 갇힌 것처럼 극심한 공포에 사로잡혀 심리적으로 불안해질 수 있다. 심한 무기력 상태에 빠지거나 극도로 화가 나기도 한다. 트리거는 때로 어떠한 사전 징후 없이 갑자기 일어난다. 트리거가 작동할 때 어떤 감정이 일어나는지 살펴보는 일이 처음에는 힘들 수 있다. 하지만 그 과정에서 귀중한 정보를 얻을 수 있고, 트리거가 작동하기 전과 후, 그리고 작동하는 동안 무슨 일이 일어났는지 짚어볼 수 있다.

최근에 트리거가 작동했던 기억을 떠올려보자. 호기심이 많은 관찰자처럼 그 당시에 무슨 일이 일어났고 그 일이 일어나기 전과 후는 어땠는지 객관적으로 살펴보고 글로 써보자.

트리거가 작동할 때 어떤 기분이 드는가?

지난 2주 동안 어떤 기분을 느꼈는지 생각해보고, 해당하는 문장에 모두 표시해보자.

- ☐ 쉽게 짜증이 났다.
- ☐ 특정 사람, 장소, 대상을 회피했다.
- ☐ 매일 해야 하는 일들이 벅차게 느껴졌다.
- ☐ 불안하고 두려운 감정을 평소보다 더 많이 느꼈다.
- ☐ 사람들을 의심하고 믿지 못했다.
- ☐ 안전하지 않다는 느낌을 자주 받았다.
- ☐ 계속 악몽을 꿨다.
- ☐ 수면 장애를 겪었다. (불면증, 과수면 등)
- ☐ 자제력이 부족했다.
- ☐ 자주 걱정하거나 상념에 잠겼다.
- ☐ 스스로 하찮고 무능한 사람이라고 자주 느꼈다.
- ☐ 특정 소리, 냄새, 맛, 감각에 쉽게 과민 반응을 보였다.

결과 해석: 표시한 항목의 개수를 세어본 뒤 다음 설명을 참고하자.

0~3개: 가끔 특정 상황에서 스트레스를 받긴 하지만 그래도 스트레

스를 잘 다루고 있는 편이다. 지금처럼만 계속하면 된다.

4~7개: 여러 상황에서 트리거가 작동하고 있지만 스트레스 수준은 적절한 편이다. 이 책을 통해 트리거 다루는 법을 배우고 계속 실천하면 자신을 있는 그대로 인정할 수 있을 것이다.

8~12개: 트리거가 강하게 작동하고 있고, 이때 느끼는 감정들 때문에 당신의 일상이 영향을 받고 있을 것이다. 이 책을 통해 트리거를 다루는 법을 배우고 실천하면 내면의 평화를 다시 찾을 수 있을 것이다.

과거 그리고 현재

트리거는 과거의 고통스럽고 불쾌감을 느꼈던 일련의 경험들을 떠올리게 만든다. 가령 타인에게서 지적과 비난을 받을 때, 과거에 부모님, 직장 상사, 배우자로부터 비난을 받았던 기억이 떠올라 창피해지고 마음이 불안해질 수 있다. 현재의 트리거가 과거의 경험과 비슷해서 과거와 똑같은 방식으로 감정을 느끼는 것이다. 그러므로 자신의 트리거가 무엇인지 알면 그 트리거를 다루는 힘이 생기고, 트리거가 작동하더라도 금방 마음의 안정을 찾을 수 있다.

당신의 트리거는 과거의 어떤 경험에서 비롯된 것 같은가?

트리거가 작동할 때 어떻게 마음을 안정시킬 수 있을까?

가끔 나는 어린 시절의 나에게 필요했던 자비를 지금의 나에게 베풀고 싶다. 그때나 지금이나 나는 너그럽게 인정받을 자격이 있다.

어린 시절의 나에게 편지 쓰기

트리거가 작동하면 어린 시절의 내가 나타나는 것처럼 느껴진다. 이때 두렵고 아프고 무기력한 기분이 들 수도 있다. 다시 어린 나로 돌아간 것처럼 느껴져도 괜찮다. 그저 과거의 내가 겪었던 고통이 아직 남아 있어서 관심과 치유가 필요하다는 의미로 받아들이면 된다.

가장 힘들었던 당시의 나이를 떠올려보면 그때 겪었던 고통의 실체가 머릿속에 점점 떠오른다. 그 당시 기분이 어땠고 나를 그토록 힘들게 한 일이 무엇이었는지 구체적으로 기억날 것이다. 부모님이나 보호자, 혹은 타인에게 꼭 받고 싶었지만 한 번도 받아본 적 없던 것을 생각해보자. 그리고 과거를 회상하면서 어린 시절의 나에게 편지를 써보자.

사랑하는 ___________살의 나에게.

네가 지금 겪고 있는 일 때문에 힘든 시간을 보내고 있다는 걸 잘 알아. 미래에는 같은 상처를 받고 싶지 않다는 것도, 지금 네게 필요한 건 사랑과 보살핌이라는 것도 잘 알고 있어. 가끔 사랑과 관심을 받았겠지만 그건 네가 원했던 방식이 아니었을 거야. 나는 너를 보살피기 위해 여기에 왔단다. 나는 네가 ___

____

____

______________________________라는 사실을 알기를 바라.

너는 사랑과 관심을 받을 자격이 있는 사람이야. 왜냐하면

____

__________(이)기 때문이지. 또한 너는 지금 그대로의 모습으로도 충분한 사람이야. 이유는 많지만 그중 하나만 얘기해 줄게. ______________________________

____

____

____

지금 네가 겪고 있는 일은 너의 잘못 때문이 아니란다. 너는

____

____

____

______________________________ 이 필요했지만 받지 못한 그저 작은 어린아이였을 뿐이야. 이제 내가 ____________________

____

______________________________(으)로 너에게 사랑과 관심을 줄

수 있어. ____

____

____

____

____

한 방법으로 너를 계속 사랑하고 아껴줄게. 그리고 네가 안전할 수 있도록 지켜줄게.

나만의 안식처 찾기

트리거가 작동하면 정신적으로 고통스럽고 마음이 불안하며 아무것도 할 수 없을 것만 같은 느낌을 받는다. 인간이라면 누구나 삶에서 안전한 느낌을 받고 싶어 하기에, 자신이 안전하지 않다고 느낄 때 극심한 공포와 두려움이 몰려온다.

공황 상태에 빠졌을 때 자기 자신을 너그럽게 보살피면서 있는 모습 그대로 수용하려고 해보자. 이 연습은 나중에 트리거가 작동하더라도 자신이 안전하다고 느낄 수 있게 도와준다. 그렇게 마음이 안정되면 트리거가 일으킨 감정에서 빠르게 회복할 수 있다.

트리거가 작동할 때 어떻게 하면 자기 자신을 너그러운 마음으로 돌볼 수 있을까?

마음의 안정을 찾는 연습

지금부터는 마음의 평화를 찾는 방법을 연습해보자. 마음이 안정되면 자신의 진짜 모습을 드러낼 용기가 생기고 삶의 모든 것이 더욱 분명해지며 균형 잡힌 인생을 살 수 있다. 마음의 안정을 찾는 연습을 하면 트리거가 일으킨 감당하기 어려운 감정들을 잘 다룰 수 있게 된다. 다음 소개하는 마음의 안정을 찾는 방법에 관한 설명을 잘 읽고 연습해두었다가, 나중에 트리거가 작동할 때 실천해보자.

1. 트리거가 작동할 때 고통 수준을 1부터 10 사이 값으로 매긴다면 어디에 해당하는지 잠시 생각해본다. 1은 '약간 고통스럽다'이고 10은 '매우 고통스럽다'이다. 117쪽의 '트리거에 대한 반응 기록표'에 해당 숫자를 적는다.
2. 주변을 둘러보며 무엇이 있는지 살펴본다.
3. 당신의 시각, 청각, 후각, 촉각을 자극하는 것 중 하나를 선택한 다음 그 이름을 소리내서 말하거나 머릿속으로 조용히 불러본다.
4. 당신의 시각, 청각, 후각, 촉각을 자극하는 것 중 하나를 선택한 뒤 그 감각에 1분간 집중한다.
5. 그리고 나서 현재 느끼는 트리거로 인한 고통 수준이 어느 정도인지 다시 한번 생각해본다. 1은 '약간 고통스럽다'이고 10은 '매우 고통스럽다'이다. '트리거에 대한 반응 기록표'에 다시 측정한 숫자를 적는다.

자신을 표현하라

트리거가 작동할 때 어떤 생각과 감정이 어떤 방식으로 일어나는지 알면 이를 창의적으로 표현하는 데 도움이 된다. 이번 활동에서는 종이나 컴퓨터, 스마트폰 앱을 이용해서 트리거가 작동할 때 올라오는 생각과 느낌을 그림이나 글로 표현해볼 것이다. 잡지를 오려 붙여도 되고 그림을 스케치하거나 색칠해도 된다. 여러 가지 방식으로 당시 느낀 감정을 표현해보자.

이 활동을 하는 동안 내면에서 어떤 감정이 느껴지는지 알아볼 것이다. 마음이 불안하거나 가슴이 답답한 느낌이 들어도 괜찮다. 판단하지 않고 내면에 올라오는 감정들을 그대로 지켜본다. 그런 다음 다시 한번 어떤 감정이 느껴지는지 생각해본다. 이전보다 덜 답답할 수도 있고, 당신의 트리거가 더 명확하게 느껴질 수도 있다. 그저 호기심을 가지고 이 감정들을 관찰한다. 자신의 마음에 공감해주는 것만으로도 자신의 진짜 모습을 자유롭게 드러낼 용기가 생긴다.

자기 자비로 대응하기

트리거가 작동할 때 특정 생각이나 행동, 감정이 일어나려는 충동을 느낄 수 있다. 이런 반응은 당신이 두려워하고 걱정하는 대상에서 비롯되는 경우가 많다. 트리거가 작동할 때 자신이 어떻게 반응하는지 알고 있으면 순간적으로 반응하기react보다는 잠시 멈추고 생각한 뒤 대응respond할 수 있게 된다. 다시 말해 트리거가 나타나는 순간 자신에게 가장 필요한 것을 충족시켜주면 이로 인한 충동을 잘 제어할 수 있다.

예시

- 트리거: 아내가 본인이 말할 때 집중해 달라고 나를 비난(트리거)했고, 그래서 나는 화(감정)가 났다.
- 순간적으로 반응하기: 나는 아내에게 언성을 높였고(순간적 반응), 당신이 나를 무시하고 있다며 화를 냈다. 내 반응 때문에 아내도 기분이 상해서 내 감정을 잘 이해하지 못했다(결과).
- 차분하게 대응하기: 나는 화가 나려 한다는 사실을 즉시 알아차리고 머리로 인지한 다음, 아내에게 내가 당신의 말에 집중하지 않았다고 생각한 이유가 무엇인지 묻는다. 이때 나는 아내에게 내가 여전히 좋은 남편이라는 사실을 확인받고 싶다고 말할 수 있다. 순간적으로 반응하고 싶은 충동이 매우 강하게 올라오더라도, 한발 물러서서 잠시 생각할 시간이 필요하다고 말할 수 있다.

트리거에 순간적으로 반응하기

- 나는 ________________ [트리거]을(를) 겪을 때 기분이 ______________ 하다.
- 나는 __________________ 한 상황[트리거 상황]이 일어날 때, 스스로 __________________ [부정적 자기 대화]처럼 느껴진다.
- 이런 상황에서 내면의 비판자가 나타나면, 나는 보통 ________________ [순간적 반응 또는 행동]을(를) 한다.
- 결국 ____________________ [결과]이(가) 일어난다.

트리거에 차분하게 대응하기

- 트리거가 작동할 때 나 자신을 보호하고 더 나아지기 위해 __________________ [자기 돌봄 행동]이(가) 필요하다.
- 트리거나 작동하는 현상은 자연스러운 일이다. 트리거는 그저 내가 겪은 경험의 일부일 뿐이다. 훗날 트리거가 작동할 때 나는 나에게 ____________________ [자기 확언](이)라고 말해주면서 나를 따뜻하게 돌볼 것이다.

수치심 알아차리기

트리거가 작동할 때 자신이 못마땅하고 창피하다는 생각이 들 수 있다. 자책과 수치심은 흔한 감정이지만, 트리거가 작동할 때는 이 감정들이 극도의 두려움과 공포심으로 진화한다. 방어적인 태도 대신 호기심 어린 눈으로 수치심과 자책을 부르는 목소리를 관찰하면, 자기 자비를 실천할 수 있는 마음의 여유가 생기고 모든 것이 쉽게 제자리를 찾게 된다.

수치심과 자책의 목소리는 당신에게 무슨 말을 하는가?

어떻게 하면 수치심과 자책의 목소리를 너그러운 태도로 대할 수 있을까?

호기심을 갖고 수치심을 관찰하다 보니, 점점 창피한 기분이 사라지기 시작했다. 그러자 내 모든 단점과 결함을 더 자유롭게 드러낼 수 있게 됐다.

자비로운 마음으로 호흡하라

자신이 가짜인 것 같은 생각과 감정이 올라오면 사람들은 과로, 회피, 비밀 엄수 등 저마다 다른 방식으로 반응한다. 이런 반응 방식은 단기적으로는 도움이 되는 것 같지만, 장기적으로는 오히려 내면의 비판자를 잠재우기 더 어렵게 만든다. 자기 자비는 트리거로 인해 고통스러울 때 가면 감정을 다루는 건강한 대응 전략이다.

다음은 자신을 자비로운 마음으로 대하는 호흡법이다. 안내에 따라 호흡하면서 자신에게 긍정적인 메시지를 전달하는 마음돌봄 연습을 해보자.

1. 먼저 집중을 방해하는 것들에서 벗어나 편안한 장소를 찾아 바닥에 눕거나 앉는다.
2. 눈을 감고 '3-2-3 호흡법'을 실시한다. 3초간 코로 숨을 들이마시고, 2초간 숨을 멈춘 뒤, 다시 3초간 입으로 숨을 내쉰다. 연습하는 동안 이 방법으로 계속 호흡한다.
3. 3-2-3 호흡법을 2~3회 실시한 뒤, 다음의 확언을 소리내서 말해본다. 그리고 앞으로 매번 호흡할 때마다 이 확언들

을 마음속으로 말한다.

1) 나는 가치 있는 사람이야.

2) 나는 충분한 사람이야.

3) 나는 나를 믿어.

4) 나는 사랑받을 자격이 있는 사람이야.

5) 나는 안전해.

4. 자신이 직접 만든 자기 확언을 위 목록에 추가해도 좋다. 자기 확언을 속으로 따라 하면서 내면의 평화를 찾고 자기를 너그럽게 이해하는 마음으로 호흡한다.

나는 지금 트리거가 만든 두려움을 느끼고 있다. 하지만 괜찮다. 이 순간 내가 어떤 감정을 느끼고 있고 내게 필요한 것이 무엇인지 알고 있기 때문이다.

어두운 토끼굴에서 벗어나기

트리거가 작동하면 무기력과 공포로 가득한 어두운 토끼굴 속으로 숨어버릴 수 있다. 그 안에 들어가면 나갈 방법이 없는 것 같지만 사실 출구는 존재한다. 토끼굴에서 탈출하는 방법도 다양하다. '토끼굴 탈출 전략'은 마음의 평화와 안정을 찾고 트리거를 다룰 힘을 가질 수 있게 도와주는 방법으로, 보통은 여러 전략을 한꺼번에 활용한다.

다음은 트리거가 작동할 때 토끼굴에서 빠져나올 수 있도록 도와주는 전략들의 예시이다. 이 전략들을 언제 사용할 수 있을지 생각해보자. 예를 들어 당신이 토끼굴 1층에 있고 마음의 안정을 바란다면, 당신에게 필요한 전략은 타인에게서 한 발 멀어지는 것일 수 있다. 만약 당신이 토끼굴의 2층과 3층에 있다면, 자기 자비와 자기주장 전략을 통해 그곳에서 탈출할 수 있을 것이다. 지금부터는 트리거가 작동할 때 고통에서 벗어나는 당신만의 토끼굴 탈출 전략을 생각해보자. 이미 활용하고 있거나 앞으로 활용하면 좋을 전략들을 생각나는 대로 모두 적어보자.

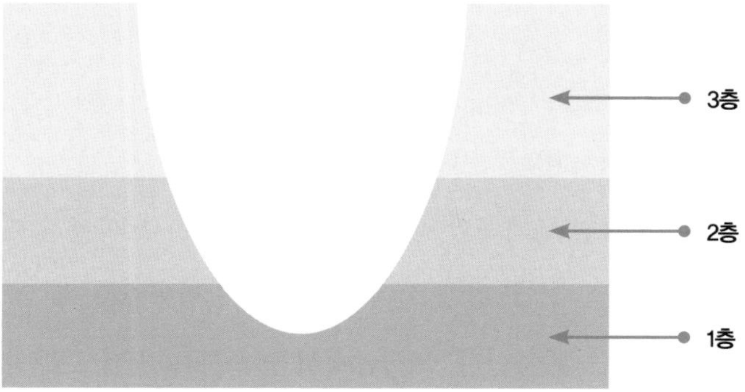

토끼굴 탈출 전략

- 눈에 보이는 것 5가지를 말하기.
- 자신이 행복을 느끼는 장소를 생각하기.
- 생각할 시간을 달라고 요청하기.
- 깊게 호흡하기.
- 사랑하는 사람에게 속마음 털어놓기.
- 산책하기.
- 차분한 음악 듣기.
- 안아달라고 부탁하기.
- 자신에게 긍정 확언 말해주기.
- 원하는 것을 부탁하기.
- 나의 감정을 표현하기.

자기 사랑으로 대응하기

트리거가 작동해서 창피함이 느껴질 때 자기 사랑self-love으로 대응할 수 있다. 이번 활동에서는 자기 자신에게 해주고 싶은 사랑과 관심의 말들을 112쪽에 그려진 '자기 사랑의 유리병' 안에 적어볼 것이다. 다음의 예시를 활용하거나 당신이 하고 싶은 말을 적어도 좋다. 자신에게 해줄 말이 떠오르지 않는다면 당신이 사

랑하는 가족에게 할 것 같은 말을 생각해보자. 훗날 자기 사랑이 필요할 때 이 유리병을 보면서 스스로 괜찮은 사람이라고 다시 느낄 수 있을 것이다. 혹은 현실에서 진짜 유리병을 구한 다음, 자신에게 전하는 사랑의 말을 종이에 쓰고 유리병에 가득 채워 방 안에 두고 자주 꺼내보는 것도 좋다.

나 자신에게 사랑을 표현하는 말들

- 나는 사랑받을 자격이 있어.
- 나는 할 수 있어!

- 나는 세상에 도움이 되는 사람이야.
- 나는 용기 있는 사람이야.
- 나는 외모와 마음 모두 아름다워.
- 나는 어려움이 있어도 극복하고 성장하는 사람이야. 이 경험들은 내게 도움이 될 거야.
- 나는 특별해.

내 안의 비판자를 잠재우기

이번 활동에서는 당신이 과거에 트리거가 작동할 때 어떤 유형의 가면증후군을 겪었는지 알아볼 것이다. 동료에게 일을 부탁할 때 자신이 나약해서 남의 도움을 받는 것이라고 속삭이는 외로운 개인주의자형 가면증후군이 나타나는가? 직장에서 실수할 때 천재형이나 전문가형 가면증후군이 나타나 당신을 괴롭히는가? 배우자가 화가 난 상황에서 완벽주의자형 가면증후군이 나타난다면 '나는 결국 버림받게 될 거야'라고 생각하게 될 수 있고, 슈퍼히어로형 가면증후군이 나타난다면 '버림받지 않기 위해 할 수 있는 모든 것을 다 해야 해'라고 믿게 될 수 있다. 이렇게 내면의 비판자는 가면증후군 유형과 상관없이 트리거가 작동하는 순간에 등장한다.

트리거가 작동할 때 어떤 유형의 가면증후군이 나타나는지 파악하면, 이에 대한 자신의 반응 방식도 발견할 수 있다. 이런 반응 방식은 때로 자신에게 도움 되지 않는 방향으로 작동하기도 한다. 자신은 절대 충분할 수 없다는 잘못된 믿음에서 벗어나지 못하게 방해할 수도 있다. 가면증후군에 대한 자신의 반응 방식이 무엇인지 파악하면 자신에게 도움이 되는 건강한 대응전략을 찾을 수 있다.

트리거 상황	가면증후군 유형	이 유형의 자기 비난 메시지	이에 대한 나의 반응 방식	건강한 대응전략
예시: 회사 프로젝트에서 실수를 저질렀다.	완벽주의자형	너는 실패자야. 너는 무능해. 너는 곧 회사에서 해고당할 거야.	과로. 또다시 일을 망치지 않기 위해 더 많이 일한다.	완벽하지 않아도 괜찮다고, 이번에 실수하면서 배웠으니 다음 프로젝트는 잘 할 수 있을 거라고 자신에게 말해준다.

트리거 상황	가면증후군 유형	이 유형의 자기 비난 메시지	이에 대한 나의 반응 방식	건강한 대응전략

대응하는 과정을 기록하기

이전 활동에서는 신체적, 정신적, 정서적 긴장을 이완하는 법을 배웠다. 트리거가 작동할 때 긴장을 풀고 마음을 차분히 가라앉히면 내면에서 올라오는 불쾌한 감정을 잘 다룰 수 있다.

트리거를 다룰 때 다음 표를 이용해서 당신의 대응 전략이 마음의 안정을 찾는 데 얼마나 효과를 발휘했는지 기록하면 좋다. 특히 각각의 대응전략은 저마다의 특정 상황에서만 효과를 발휘한다는 점을 고려할 때, 이렇게 기록해놓으면 각 상황별로 자신에게 가장 잘 맞는 대응 전략을 찾을 수 있다.

기록하다 보면 지금 사용하고 있는 대응 방식이 크게 도움 되지 않는 것처럼 보일 수도 있다. 이 경우 기존 활동이 효과를 발휘할 때까지 계속 유지하면서 표에 기록할 수도 있고, 완전히 새로운 방식을 시도해 볼 수도 있다.

일시	마음을 차분히 하는 활동	활동 전 긴장도	활동 후 긴장도	메모
예시: 월요일 오후 5시 30분	깊게 호흡하기	7.5	3	연습하기에 더 조용한 장소를 찾기.

나다운 인생을 살고 그 과정에서
자신을 온 마음으로 사랑하는 것이야말로,
우리가 할 수 있는 가장 용감한 일이다.

브레네 브라운

핵심 정리

트리거를 파악하면 차분히 대응할 수 있다

이 장에서는 부정적 자기 대화와 가면증후군을 부르는 트리거에 대해 살펴보고, 자신의 트리거를 파악하는 것이 왜 중요한지 알아보았다. 트리거가 작동하면 불쾌한 감정이 들고, 때로는 이를 통제하기 어렵다고 느낀다. 하지만 부정적 자기 대화를 일으키는 트리거의 정체를 알게 되면, 자신이 가면증후군을 겪는 이유를 이해할 수 있고 자신의 트리거도 잘 통제할 수 있으며 자기 자신에 대한 믿음이 높아진다.

- 트리거가 작동하는 현상은 불쾌한 감정이나 극도의 스트레스, 트라우마를 부르는 상황에 대응하는 자연스러운 반응이다.
- 가면증후군을 일으키는 트리거는 사람마다 다양하다.
- 자신의 트리거가 무엇인지 알면 트리거가 작동할 때 순간적으로 반응하기보다 차분하게 대응할 수 있다.
- 마음의 안정을 취하는 연습을 하고 자신을 너그럽게 대하면 트리거를 통제하는 능력이 향상된다.

6장

취약성을
솔직하게 드러내면
편안해진다

베스트셀러 《마음 가면》의 저자이자 강연가인 브레네 브라운Brené Brown 교수는 취약성vulnerability을 '자신의 본모습을 드러내고 도움을 청할' 용기라고 정의했다. 취약성은 내가 어떤 기분인지 알아차리고 자신의 감정에 대해 말하는 것을 의미하기도 한다. 우리는 취약한 상태일 때 인생의 일부인 좋은 감정과 나쁜 감정을 모두 수용한다.

이 장에서는 가면증후군을 극복하는 과정에서 취약성이 중요한 이유에 대해 알아볼 것이다. 가면증후군을 겪는 사람은 자신의 본 모습을 드러내고 가면 없이 세상에 나서는 것을 두려워한다. 지금 모습으로도 충분히 괜찮다고 느껴지지 않고, 자신의 역량을 있는 그대로 인정하기 어려워 한다. 나는 그 마음을 잘 안다. 하지만 취약성을 드러내면 가면 감정에서 벗어날 수 있다. 당신은 충분히 해낼 수 있다.

'부모님의 기대를 저버릴 수 없어.'

취약성을 마주하다

○ **아리나의 이야기**

아리나는 부모님을 따라 십 대 때 미국에 이민을 왔다. 아리나는 예술을 공부하고, 세계 여러 나라를 여행하고, 졸업 후에는 창의적인 분야에서 일하고 싶었다. 하지만 부모님이 바라는 아리나의 미래는 달랐다. 부모님은 아리나가 의사가 돼서 비슷한 배경을 가진 사람과 결혼해 아이를 낳고 가정을 이루는, 그야말로 성공한 삶의 전형적인 표본대로 살기 바랐다. 하지만 이것은 아리나가 꿈꾸는 삶이 아니었다.

아리나는 자랑스러운 딸이 되고 싶은 마음에 의대에 진학했고, 부모님이 좋아하실만한 남자를 만나기 위해 노력했다. 딸의 미래를 위해 고향을 떠나 미국에 이민 온 부모님을 실망시키고 싶지 않았기 때문이다. 아리나는 여러 번 부모님께 이건 내가 원하는 삶이 아니라고 말하고 싶었지만 속으로 삼켰다. 부모님의 기대를 도저히 저버릴 수 없었다.

하지만 자신을 부정하면서 부모님을 기쁘게 하는 삶을 살수록 점점 더 고통이 커져갔다. 아리나는 거짓말을 하며 사는 삶에 지쳐버렸고, 이제는 자신의 마음을 부모님께 솔직하게 털어놓아야겠다고 생각했다. 그렇게 그녀는 부모님께 자신은 의사가 되고 싶었던 적이 없었고 부모님이 원하는 남자를 만나고 싶지 않았다고 고백했다. 그리고 자신은 예술을 하고 싶고 자신이 사랑에 빠지는 남자와 결혼하고 싶다고 말했다. 부모님은 아리나에게 실망했다며 크게 화를 냈다. 아리나는 취약성을 드러내는 일이 두려웠지만 막상 드러내고 나니 마음이 편해지는 것을 느꼈다. 그날부터 아리나는 자신의 꿈을 그대로 인정해 주고 그 꿈을 향한 여정으로 나아가기 시작했다.

취약성은 왜 중요한가?

아리나의 이야기에서 보았듯이 오로지 자신이 기쁘게 하고 싶은 대상에게 자신의 취약성과 감정을 솔직하게 보여주는 일은 생각만으로도 두렵다. 취약성을 드러내는 것은 만족스러운 감정이나 경험뿐 아니라 인생에서 일어나는 불쾌하고 골치 아픈 일까지도 전부 수용하는 것을 말한다. 그런데 취약성과 가면증후군은 무슨 관련이 있을까?

취약성을 드러내면 더 나은 사람이 되어야 한다는 끝없는 강박에서 벗어날 수 있다. 또한 내면의 비판자가 씌운 가면을 벗고 자신의 본모습을 있는 그대로 드러낼 수 있다.

5장까지는 가면증후군으로 인해 일어나는 감정과 생각, 행동들을 살펴보면서 자신의 결점과 한계를 숨겨야 한다고 믿게 되는 과정을 알아보았다. 몰랐겠지만 사실 우리는 지금까지 취약함을 드러내는 연습을 해왔다. 당신이 용기를 잃지 않은 덕분에 가면 감정과 부정적 자기 대화에 대해 알아볼 수 있었고, 두려웠던 과거의 기억을 되짚어보면서 자기 자비를 실천했다. 취약성을 드러내는 일은 이처럼 자신의 능력을 그대로 인정하고 자신이 충분하지 않다고 생각하는 감정에서 벗어날 수 있게 도와준다.

이 장에서는 내면의 비판자를 잠재우고 자신의 진정한 모습이 빛나도록 돕는 취약성을 드러내는 방법을 배울 것이다. 또한 삶의 여러 분야에서 취약성을 드러내는 방법도 알아볼 것이다. 그럼 지금부터 본격적으로 시작해보자!

취약성을 드러내기

인생에는 아름다운 면도 있고 추한 면도 있다. 우리는 기쁜 감정과 괴로운 감정을 모두 느끼며 산다. 가끔은 누군가 도움의 손길을 건네거나 기대어 울 수 있는 어깨를 내어주는 것만으로도 살 만하다고 느끼기도 한다.

삶이란 나의 진짜 모습을 너그럽게 받아들이는 여정이다. 하지만 가끔은 나를 수용하는 일이 어려울 때가 있다. 내 모습을 솔직하게 드러내면 사람들이 비난하거나 거부할 것 같아서 걱정되기도 한다. 하지만 인생의 명암을 모두 받아들이면 가면을 쓰지 않고도 있는 그대로의 모습으로 더욱 자유롭게 살 수 있다.

취약성을 드러내는 방법은 다양하다. 타인에 대한 자신의 감정을 표현하는 것도, 사랑하는 사람들에게 나의 어리숙한 면을 보여주는 일을 두려워하지 않는 것도 모두 취약함을 드러내는 행동이다. 당신은 어떻게 취약성을 드러내고 있는가?

자신의 두려움을 주의 깊게 살펴보기

취약성을 수용하는 일은 몹시 두렵고도 어려운 일이다. 자신의 본모습을 드러냈을 때 거부당하거나 비난당할 것 같은 두려움은 아주 흔한 감정이다. 가면증후군에 걸린 사람들은 이런 기분을 특히 더 많이 겪는다. 두려움은 인간이라면 누구나 느끼는 감정이지만 가끔은 우리가 나답게 살지 못하도록 가로막는다. 당신이 취약해지지 못하게 막는 두려움이 무엇인지 알면 그 두려움을 극복할 힘이 생긴다.

과거에 취약성을 드러내기 힘들었던 기억을 떠올려보자. 그때 당신을 막아섰던 두려움은 무엇이었는가?

나는 얼마나 취약한가?

사람들은 주로 진실성, 감정 수용, 감정 표현, 자기주장의 방식으로 자신의 취약성을 드러낸다. 이번 활동을 통해 당신은 자신이 취약성을 드러낼 때 사용하고 있던 방식이 무엇인지 파악할 수 있다. 만약 다음 네 가지 방식으로 취약성을 드러낸 기억이 나지 않는다면, 앞으로 더 많은 관심을 기울여야 한다는 뜻으로 받아들이면 된다. 지금부터 설명을 읽으면서 자신의 취약성을 잘 드러내기 위한 연습을 시작해보자.

진실성authenticity**은 내가 누구인지, 무엇을 중요하게 생각하고 믿는지에 솔직해지는 것을 말한다.** 이 방식으로 취약성을 드러내는 예로는 나의 부족한 점도 있는 그대로 받아들이기, 내가 중요하다고 믿는 가치에 따라 살기 등이 있다. 최근에 진실성을 실천했던 순간을 떠올려보고 적어보자.

1. ______________________________

____

____

2. ______________________________

3.

감정 수용emotional acceptance**은 자신이 느끼는 감정이 좋든 나쁘든 모두 받아들이는 것이다.** 감정 수용의 예로는 판단하지 않고 느껴지는 대로 받아들이기, 도움이 필요한 사람 옆에 있어 주기, 기분 좋은 감정을 수용하기 등이 있다. 최근에 감정을 수용했던 기억을 떠올려보고 적어보자.

1.

2.

3.

감정 표현emotional expression**은 신뢰하는 사람에게 자신의 기분이나 생각을 솔직하게 드러내는 것이다.** 감정 표현이 편해지면 남에게 부탁하는 일이 어렵지 않고 내면의 비판자 목소리도 잠잠해진다. 감정 표현의 예로는 내가 자랑스럽게 여기는 성과를 남에게 말하기, 힘든 일을 겪었을 때 사랑하는 사람에게 솔직하게 털어놓기 등이 있다. 최근에 감정을 표현했던 기억을 떠올려보고 적어보자.

1. ______________________________

____

____

____

2. ______________________________

____

____

____

3. ______________________________

____

____

자기주장self-advocacy**은 도움과 지원을 받기 위해 자신이 원하는 것을 솔직하게 요구하는 것이다.** 자기주장을 잘 실천하면 자신의 한계를 판단하지 않고 있는 그대로 인정할 수 있다. 또한 자신이 바라는 것을 타인에게 당당하게 요청할 수 있으며, 자신이 원하지 않을 때 타인의 요구를 거절할 수도 있다. 최근에 자기주장을 실천했던 기억을 떠올려보고 적어보자.

1. ____________________

2. ____________________

3. ____________________

나의 두려움은 어디에서 왔을까?

취약해지는 것에 대한 두려움은 흔히 과거의 경험에서 비롯된다. 과거가 반복될 것 같고 결국 예전처럼 상처받거나 실망하게 될 것 같아 무서운 것이다. 두려움은 당신에게 하찮고 실패한 사람처럼 느끼고 싶지 않으면 가만히 있으라고, 위험한 일은 하지 말라고 말한다. 하지만 자신의 두려움이 어디서 시작됐는지를 알면 과거를 극복할 수 있는 용기가 생긴다.

당신은 과거의 어떤 경험 때문에 취약해지는 것이 두려운가?

과거의 일이 반복될 것 같은 두려움에서 벗어나면 기쁨과 평온을 느낄 수 있다. 나에게는 두려움을 넘어설 용기가 있다.

두려움을 넘어설 용기를 발휘하기

우리는 모두 두려움을 갖고 있다. 나도 과거에는 내 감정이나 생각을 친구들에게 잘 표현하지 않았다. 거절당할까 봐, 상대의 감정을 상하게 할까 봐 두려웠기 때문이다. 하지만 두려움의 실체를 인지하자 두려움이 극복할 수 있는 대상으로 느껴지기 시작했다. 특히 친구들과 있을 때 내 생각과 감정을 두려움 없이 자신있게 표현하고 싶어졌다. 이처럼 두려움이 당신을 막아서지 않는다면 당신은 진실된 모습으로 세상에 나설 수 있다.

이번 활동을 통해 당신은 지금까지 살면서 느낀 두려움에 대해 깊게 이해하고, 앞으로 두려움을 마주할 때 취약함을 당당하게 드러내는 법을 배우게 될 것이다.

예시:

나는 친구에게 좋아한다고 고백을 하면 거절당할까 봐 두렵다. 그래서 절대로 내 감정을 친구에게 고백하지 않을 것이다. 이때 내가 취약함을 드러내는 방법은 거절당할까봐 두려워해도 괜찮다고, 만약 거절당한다 하더라도 그 또한 괜찮다고 내게 말해주는 것이다

첫 번째 두려움:

나는 ________을(를) 하면 ________할까 봐 두렵다.

그래서 _________________________을(를) 할 것이다/하지 않을 것이다.

이때 내가 취약함을 드러내는 방법은 ____________________하는 것이다.

두 번째 두려움:

나는 ________을(를) 하면 ________할까 봐 두렵다.

그래서 _________________________을(를) 할 것이다/하지 않을 것이다.

이때 내가 취약함을 드러내는 방법은 ____________________하는 것이다.

세 번째 두려움:

나는 ________을(를) 하면 ________할까 봐 두렵다.

그래서 _________________________을(를) 할 것이다/하지 않을 것이다.

이때 내가 취약함을 드러내는 방법은 ____________________하는 것이다.

나의 진짜 모습을 드러내라

취약해진다는 것은 자신을 진솔하게 드러낸다는 의미이다. 자신이 가장 소중하게 여기는 것, 취미, 관심사, 가장 좋아하는 것, 타인에게 자신을 드러내는 방식, 좋아하는 것, 싫어하는 것, 기분, 두려워하는 것, 사랑하는 것, 바라는 것, 장점, 단점, 자신이 해결했거나 고친 문제 등을 모두 솔직하게 드러내는 것이다.

이번 활동에서는 종이, 컴퓨터, 스마트폰을 이용해서 자신의 진짜 모습을 솔직하게 그려볼 것이다. 미술 도구를 이용하거나 잡지를 오려 붙여도 된다. 여러 가지 색깔과 이미지, 글자를 조합해서 자신의 진솔한 모습을 나타내보자. 정해진 방법도 틀린 방법도 없으니 원하는 대로 창의적으로 표현해보자.

나의 진짜 모습을 세상에 드러내기

실수하고 실패했던 과거를 생각하다 보면 괴로웠던 그 기억에 갇혀버리기 쉽다. 당신은 어쩌면 과거에 취약함을 드러냈다가

후회했던 기억을 자주 생각할지 모른다. 하지만 그 상처받은 기억은 당신이 취약함을 드러내지 못하도록 막고 스스로 중요하지 않은 사람이라고 생각하도록 만든다. 나도 같은 경험을 해봤기 때문에 어떤 기분인지 잘 알고 있다. 그럴 때는 취약함을 드러내니 오히려 일이 잘 풀렸던 기억을 떠올리는 것이 중요하다. 과거에 자신의 취약한 부분을 세상에 드러냈을 때 기분이 좋았던 기억을 떠올리면 두려움을 넘어 앞으로 나아갈 힘이 생긴다.

당신이 취약한 면을 드러냈을 때 모든 것이 순조로웠던 기억을 떠올려보자. 그때 어떻게 자신의 취약성을 드러냈는가? 취약해지고 나니 어떤 기분이 들었는가?

취약성을 당당하게 드러내기

우리는 어디에서든 취약해질 수 있다. 직장이나 학교처럼 사회적 상황에서뿐 아니라 가족이나 친한 사람들에게도 취약한 면을 보여줄 수 있다. 예를 들면 학교 과제를 끝내서 기분이 신날 때 이를 숨기지 않고 남들에게 말할 수 있고, 첫 데이트 신청을 할 때 거절당할까 봐 떨리고 걱정되는 마음을 상대에게 솔직하게 표현할 수 있다. 이번 활동에서는 취약성을 당당하게 드러내는 구체적인 방법을 진실성, 감정 수용, 감정 표현, 자기주장 영역별로 나누어 살펴볼 것이다.

지금부터는 각 질문을 읽고 답변을 작성해보자. 나중에 나의 취약성을 당당하게 드러내고 싶은 순간이 생기면, 다음 질문과 답변을 다시 읽으면서 도움을 받을 수 있을 것이다.

도움이 필요하거나 원하는 것이 생겼을 때, 어떻게 취약성을 드러낼 수 있을까?

슬픔, 화, 죄책감 등 불쾌한 기분이 들 때, 어떻게 취약성을 드러낼 수 있을까?

행복, 설렘 등 유쾌한 기분이 들 때, 어떻게 취약성을 드러낼 수 있을까?

두렵고 걱정될 때, 어떻게 취약성을 드러낼 수 있을까?

두려움 때문에 완벽하지 않은 자신의 진짜 모습을 드러내지 못하고 주저하고 있을 때, 어떻게 취약성을 드러낼 수 있을까?

____

____

____

____

____

진짜 자신을 드러낼 용기

이번 활동에서는 취약성을 드러내는 네 가지 방식에 대해 알아본다. 각 방식에 따라 취약성을 드러냈을 때 어려움을 겪었던 기억을 떠올려보고, 그때 어떤 두려움을 느꼈는지 생각해보자. 두려운 마음을 잠재우기 위해 자기 자신에게 말해줄 '용기의 메시지'도 적어보자. 이 메시지는 훗날 취약해지기를 두려워하도록 만드는 '두려움의 메시지'가 나타나더라도 금방 사라지도록 도와줄 것이다. 그렇게 당신은 자신의 취약성과 진짜 모습을 더욱 온전히 수용할 수 있게 될 것이다.

취약성을 드러내는 방식	구체적인 상황	두려움의 메시지	용기의 메시지
예시: 감정 표현	슬픈 마음을 아내에게 표현하기	내 슬픈 기분을 아내에게 말하면, 아내는 내가 나약하다고 생각할 것이다.	나는 내 감정을 말할 자격이 있고, 내 마음을 용기 있게 표현할 수 있다.
진실성			
감정 수용			
감정 표현			
자기주장			

과거에 진짜 모습을 드러냈다가 움츠러든 기억이 있더라도 용기를 내자. 완벽하지 않은 진짜 모습도 있는 그대로 받아들여 주자. 당신은 무조건 이해받을 자격이 있다.

부정적인 감정을 놓아주려면

솔직히 말해서 불편한 마음으로 앉아있는 일은 즐겁지 않다. 항상 낙천적으로 살 수만 있다면 아마 모든 사람이 그렇게 살고 있을 것이다. 불안, 슬픔, 수치심 같은 부정적인 감정을 겪고 싶은 사람이 어디 있겠는가? 하지만 아픈 상처를 모른 척한다고 해서 그 상처가 사라지지는 않는다. 오히려 상처가 계속 쌓이면 긍정적인 감정까지도 느끼지 못하게 된다.

불편함은 인간이라면 겪을 수밖에 없는 당연한 감정이다. 특정 순간에 내면에서 올라오는 감정이 무엇인지 알아차리고 수용하면 그 감정에서 자유로워질 수 있다. 삶에서 일어나는 기쁨과 성취감을 온전히 느낄 수 있게 된다.

1. 불편한 마음이 들 때 그 감정의 정체를 정확하게 알아차린다. (예: 두려움, 죄책감, 슬픔, 실망감)
2. 이런 감정을 느끼게 만든 원인이 무엇인지 생각해본다. (예: 남에게 도움을 요청한 행동이 죄책감을 느끼게 했다.)
3. 다음 문장들을 마음속으로 조용히 또는 소리 내서 말한다.
   1) 나는 [이 감정을 느끼게 만든 원인] 때문에 [내가 느낀 불편한 감정]을 느꼈다.
   2) 나는 내가 느낀 감정이 무엇인지 알아차린 다음 바꾸려 하지 않고 있는 그대로 수용한다.
   3) 이 감정은 나라는 사람을 정의하지 않는다. 그저 흘러가는 감정일 뿐이다.

내 마음의 조각을 드러내기

솔직하게 속마음을 드러내기란 쉽지 않다. 특히 내면의 비판자가 말을 걸어올 때는 솔직해지기가 더욱 힘들다. 내면의 비판자는 당신에게 "상처받게 될걸", "너는 다른 사람들이 감당하기 버거운 사람이야", "아무도 너를 사랑하지 않을 거야"와 같은 부정적인 메시지를 전달할 것이다. 그래서 당신이 만약 세상에 진짜 모습을 드러낸다면 바보처럼 느껴질 것이라고 믿게 만들

것이다.

그러나 나는 무엇이 당신을 속여서 스스로 보호하려면 속마음을 감추어야 한다고 믿게 만드는 지 알고 있다. 또한 당신이 아끼는 사람들에게 솔직한 모습을 드러내면 자유로움과 만족감을 온전하게 느낄 수 있다는 사실도 잘 알고 있다. 자신이 신뢰하는 사람 한두 명에게 가면을 벗은 모습을 보여주는 것만으로 내면의 비판자가 던지는 부정적인 메시지들로부터 자유로워지고 지금 모습 그대로도 충분하다고 느낄 수 있다.

흘려보내고 싶은 생각이나 감정이 있는지 잠시 생각해보자. 나의 내면을 타인에게 솔직하게 보여줄 수 있다면 어떤 모습을 보여주고 싶은가? 반대로 보여주기 두려운 모습은 무엇인가? 이렇게 타인에게 나의 진짜 모습을 드러내면, 나는 기분은 어떻게 긍정적으로 달라질까? 이러한 질문을 스스로 던져가면서 다음 그림의 답을 채워보자. 다음 답변들을 당신이 신뢰하는 사람에게 직접 말해보아도 좋다.

두려워하는 것:

힘들었던 경험:

나의 신념:

간절히 바라는 것 한 가지:

나의 필요와 욕구를 먼저 생각할 용기가 필요하다.
나는 소중하기 때문이다.

취약성 체크리스트

다음은 일상에서 취약함을 드러내는 방법을 나열해놓은 것이다. 당신이 일상에서 실천할 수 있을 것 같은 항목에 체크해보자. 개인적으로 추가하고 싶은 방법이 있다면 목록에 자유롭게 적어보자.

- ☐ 내가 두려워하는 것에 관해 글로 적기.
- ☐ 직장에서 일을 도와달라고 부탁하기.
- ☐ 기분이 좋지 않을 때 신뢰하는 사람에게 내 기분을 솔직하게 말하기.
- ☐ 어떤 것에 행복을 느끼고 기분이 좋아지는지 사랑하는 사람에게 말하기.
- ☐ 자기 존중과 돌봄을 위한 건강한 경계를 설정하기.
- ☐ 상대의 요청을 들어줄 수 없는 상황이라면 거절 의사를 표현하기.
- ☐ 마음이 불편할 때 나에게 필요한 것을 한 가지 생각해보기.

- [ ] 자기 자신에게 중요한 것 한 가지를 소리 내서 말하거나 종이에 적어보기.
- [ ] 직장에서 저지른 실수를 하나만 떠올려보고 그 실수에서 무엇을 배웠는지 생각해보기.
- [ ] 자신이 소중하게 여기는 가치와 신념 두세 가지에 대해 글로 적기.
- [ ] 좋아하는 것과 싫어하는 것을 소리 내서 말하기.
- [ ] 사랑하는 사람이나 동료들에게 내 생각을 말하기.
- [ ] 사랑하는 사람에게 따뜻한 말 한마디 해주기.
- [ ] 이번 주에 새로운 것 한 가지에 도전해보기.
- [ ] ______________________________
- [ ] ______________________________
- [ ] ______________________________
- [ ] ______________________________
- [ ] ______________________________
- [ ] ______________________________
- [ ] ______________________________
- [ ] ______________________________
- [ ] ______________________________

'너'에서 '나'로, 대화가 핵심이다

내 감정과 욕구에 대해 말하기가 때로는 겁이 날 수 있다. 예를 들면 남편이나 아내에게 속마음을 털어놓았다가 무시를 당할까 봐 혹은 너무 예민하게 반응한다고 핀잔을 들을까 봐 걱정할 수 있다. 감정을 표현하는 연습을 하다 보면 나중에 실전에서는 훨씬 편하게 감정을 드러낼 수 있고, 비로소 과로, 번아웃, 비밀 엄수를 할 필요가 없어진다.

자신을 드러내는 방법으로 '나 전달법I-statement'이 있다. 우리는 무심결에 "너는 맨날 설거지하는 것을 잊어버려", "너는 무심해", "너는 한 번도 내 말에 귀 기울인 적 없어"와 같은 말을 내뱉는다. 이렇게 '너'를 주어로 하는 말은 상대방이 방어적인 태도를 취하게 만든다.

그러나 주어를 '나'로 바꿔서 말하면 상대방을 비난하지 않고도 상대방의 행동으로 내가 어떤 감정을 느꼈는지 전달할 수 있다. 또한 상대방이 자신의 말에 더 귀 기울이도록 할 수 있고, 취약함을 드러내는 일이 더는 두렵지 않게 된다. 그럼 지금부터 '나 전달법'으로 말하는 연습을 시작해보자.

예시

나는 내가 기분이 좋지 않고 마음이 울적할 **때 네가** 내 문제를 '고치려고' **하면 내 마음이** 화가 나고 슬퍼져. **나는 네가** 나를 위로하고 격려해줄 때 **고마움을 느껴. 나는 네가** 내 말에 귀를 기울이고 내 감정을 이해**해주기를 원해.** 그렇게 해줄 수 있겠니?

나는 내가 ________________ 할 때 네가 ________________

을(를) 하면 내 마음이 ________________ 해.

나는 네가 ________________ 할 때 고마움을 느껴.

나는 네가 ________________ 해주기를 원해.

그렇게 해줄 수 있겠니?

취약성 캘린더

128쪽 '나는 얼마나 취약한가?'에서 당신은 최근에 취약성을 드러낸 기억을 떠올리면서 얼마나 자주 취약성을 드러냈고 어느 부분을 더 개선해야 하는지 함께 살펴보았다. 이번 활동에서는 취약성을 드러내는 네 가지 방식 중 한 개 이상을 골라서 매일 실천해볼 것이다. 유난히 힘들었던 방식이 있었다면 그 방식을 더 집중적으로 실천할 것을 권한다.

150쪽의 주간 캘린더는 취약성을 드러내는 네 가지 방식을 매일 연습하고 기록할 수 있도록 만들어졌다. 취약해지기 위해 현재 매일 실천하고 있는 자신만의 방법이 있거나, 앞으로 실천하기에 좋은 새로운 방법이 떠오른다면 빈칸에 적어보자.

	취약성을 드러내는 방식			
	진실성	감정 수용	감정 표현	자기주장
월요일	나의 생각이나 감정을 남에게 한 가지만 말해보기.			
화요일				친구나 동료에게 도와달라고 부탁하기.
수요일		내 감정을 주의 깊게 살펴보기 (141~142쪽 참조).		
목요일			불쾌한 기분이 들 때 사랑하는 사람에게 털어놓기.	
금요일	자신의 장점을 한 가지 써보기.			
토요일		마음을 차분하게 안정시키기 (100~101쪽 참조).		배우자에게 내가 원하는 것을 한 가지 부탁하기.
일요일	자신을 너그러운 마음으로 돌보기 (174쪽 참조).		사랑하는 사람에게 따뜻한 말 한마디 해주기.	

핵심 정리

당신은 이해받을 자격이 있다

가면증후군은 자신의 진짜 모습을 세상에 보여주는 일을 두려워하도록 만든다. 이 장에서는 취약성을 드러내는 것의 중요성에 관해 살펴보았다. 나의 취약성을 당당하게 드러낼 수 있다면 가면을 벗고 세상에 나설 수 있고, 자신의 능력을 있는 그대로 인정하는 삶을 살 수 있다.

- 취약성을 드러내는 네 가지 방식으로 진실성, 감정 수용, 감정 표현, 자기주장이 있다.
- 취약성을 드러내는 연습을 많이 할수록 내면의 비판자 목소리가 점점 줄어든다.
- 취약해지는 것이 두려운 이유는 과거의 경험 때문일 수 있다.
- 일상에서 자신의 취약성과 솔직한 모습을 있는 그대로 받아들이려면 자기 자비의 태도로 두려움을 극복하는 것이 중요하다.
- 취약성을 당당하게 드러내는 방법은 여러 가지다. 어떤 방법을 택하든 이것만은 꼭 기억해라. 당신은 무조건 이해받을 자격이 있다.

7장

실패를 성장의 기회로 삼아라

실패는 삶의 일부다. 당신은 친구의 생일파티 날짜를 깜빡할 수도 있고 직장에서 고과를 낮게 받을 수도 있다. 실수하거나 실패를 겪으면 우리 마음속에서 불안, 스트레스, 좌절, 죄책감과 같은 여러 가지 감정이 복합적으로 일어난다. 가면증후군을 겪는 사람들은 흔히 실패를 두려워하는 경향이 있는데, 이렇게 실패를 두려워할수록 내면의 비판자는 강해진다.

이 장에서는 실패에 대한 두려움이 가면증후군과 어떻게 연결되는지를 알아보고, 실패에서 교훈을 얻고 실력을 향상하는 법, 실패를 개인적으로나 직업적으로 성장하는 기회로 삼는 방법을 배워볼 것이다.

실패에 대한 두려움 넘어서기

○ **카일의 이야기**

카일은 어린 시절부터 성공한 엔지니어나 의사가 되어 집안을 부양해야 한다는 압박감을 받으며 성공을 강요하는 부모님 밑에서 자랐다. 부모님은 카일이 기대에 못 미치는 결과를 가져오면 크게 실망하셨고, 아주 작은 실수에도 크게 혼을 내셨다. 카일은 점심 도시락을 깜빡하고 집에 두고 갔다고, 중위권 성적밖에 받지 못했다고, 빨리 철이 들지 않는다고 혼이 났다. 부모님은 카일이 하는 일마다 못마땅해했고 그때마다 카일은 자신이 부끄럽고 바보처럼 느껴졌다.

이런 분위기 속에서 자란 카일은 자연스럽게 실패를 두려워하는 어른으로 자랐다. 모든 일에 전력을 다했고 실수도 실패도 하지 않기 위해 애썼다. 해고당하지 않으려고 퇴근도 제일 늦게 했다. 행여 아내가 더 매력적인 남자를 만나 자신을 떠날까 봐 무서워서 헬스장에 매일 나가 운동을 했다. 카일의 일주일은 여러 활동과 모임 일정으로 빼곡했고, 늘 사람들을 만나고 일을 하느라 바빴다. 그러던 어느 날, 결국 그에게 번아웃과 우울증이 찾아왔다. 실패를 피하려 했던 마음은 부부 관계마저 망가뜨렸고, 아내는 결국 카일을 떠나고 말았다. 카일의 인생이 바닥을

친 순간이었다.

카일은 이렇게 망가진 자신의 삶을 변화의 계기로 삼아야겠다고 생각했다. 그래서 우울증과 실의에 빠진 자신이 다시 일어설 수 있도록 도와줄 친구를 찾아갔다. 친구는 본인이 참석하고 있던 우울증 겪는 사람들의 모임에 카일을 초대했다. 카일은 그곳에서 자신만 이런 어려움을 겪고 있는 것이 아니라는 사실을 알게 됐다. 그리고 완전히 새로운 방식으로 자신을 알아가기 시작했다. 과거에 겪었던 불행을 성장의 기회로 삼아 부부 관계에서 자신이 고쳐야 하는 점과 바라는 점이 무엇인지 알아차렸다. 그렇게 카일은 조금씩 실패의 두려움을 넘어서기 시작했다. 마침내 그는 자신에게 놀라운 기회가 주어질 때마다 실패를 무서워하지 않고 도전하며 앞으로 나아가는 사람이 되었다.

비판이나 실패를 너그럽게 받아들여라

가면증후군을 겪는 사람이라면 '가면을 쓰지 않고' 남들 앞에 나서는 것을 두려워한다. 이들은 실패하거나 실수를 저지르면 자신이 어리석고 부족한 사람처럼 보일 것으로 생각해서 실패를 두려워한다. 내면의 비판자가 전하는 메시지를 진실로 믿고 실수와 결점이 하나도 없어야 한다고 믿는다. 이들은 자신이 실수를 하더라도 여전히 가치 있는 존재라는 사실을 믿지 않는다. 가면증후군을 겪는 사람에게 이런 생각은 그저 머나먼 진실일 뿐이다.

물론 부정적인 말이 내면에서 들려오면 자신의 능력을 있는 그대로 믿기 어려울 수 있다. 하지만 가면증후군을 극복하려면 반드시 자기 자신을 믿어야 한다.

실수와 비판, 불완전함을 마주할 때에도 나는 여전히 충분한 사람이라고 믿으면 실패를 성장과 배움의 기회로 삼을 수 있는 마음의 여유가 생긴다. 세상에 완벽한 사람은 없다. 실수는 나다운 모습으로 성장하고 발전할 수 있는 자양분이 된다. 실수를 통해 자신의 장단점을 알 수 있고, 진짜 역량과 한계를 파악할 수 있다.

예를 들어, 직장에서 실수를 저질렀다면 역량 밖의 일은 맡지 않는 것이 좋다고 깨달을 수 있다. 자신의 말로 아내가 상처를 입었다면 대화할 때 조심해서 말해야 한다는 사실을 배울 수 있다. 비록 실패했더라도 최선을 다했으니 괜찮다고, 다음에는 다른 방식으로 도전해보자고 자기 자신에게 말해준다면, 실패를 너그럽게 받아들이면서 그 안에서 새로운 교훈을 얻을 수 있다.

완벽주의에서 벗어나기

완벽주의자는 실패에서 배우려는 마음도, 완벽하지 않아도 괜찮다고 말하는 너그러움도 없다. 완벽주의자형 내면의 비판자가 어떤 말을 하는지 알면, 실패했을 때 절망에만 빠져있지 않고 실수로부터 배우고 성장할 수 있다.

당신이 실수를 했을 때 완벽주의자형 내면의 비판자는 당신에게 무슨 말을 하는가?

어떻게 하면 실수를 너그러운 마음으로 대할 수 있을까?

실수로부터 배우고 성장하기

자신의 실수를 자비로운 마음으로 대하면 똑같은 실수를 반복하지 않고 오히려 실수로부터 더 많은 것을 배우고 성장할 수 있다. 실수를 저질렀을 때 우리가 취할 수 있는 전략으로는 자기 용서, 자기 사랑, 관찰 그리고 성장이 있다.

- **자기 용서**self-forgiveness란 죄책감과 억울함을 마음에서 지우면서 실수한 자신을 용서하는 것을 말한다.
- **자기 사랑**self-love이란 실패하고 비판받는 와중에도 자기 자신을 돌보고 소중하게 여기는 행동을 말한다.
- **관찰**curiosity이란 한발 물러서서 어떠한 판단 없이 실수를 돌아보는 것을 말한다.
- **성장**growth이란 실수로부터 교훈을 얻거나 무언가를 깨닫고 배우는 것을 말한다.

지금부터는 전략별로 실천할 수 있는 구체적인 대처 방법을 생각해보고 글로 작성해보자. 그리고 나중에 실수를 하게 될 때 지금 쓴 내용을 읽어보면서 자신을 사랑으로 보듬어주자.

자기 용서를 실천하는 방법:

예시: 자기 용서를 위한 명상하기

자기 사랑을 실천하는 방법:

예시: 실수한 상황에서
내가 잘했던 일을 한 가지 떠올리기

관찰을 실천하는 방법:

예시: 왜 실수를 했느냐고
자신에게 다정하게 질문하기

성장을 실천하는 방법:

예시: 실수로부터 배운 점을
한 가지 생각해보기

메모:

실패를 어떻게 대할 것인가?

실패를 대하는 연습은 늘 어렵다. 하지만 실패한 자신을 너그럽게 포용하는 연습을 할수록 당신을 가로막던 내면의 비판자 목소리가 점점 사라질 것이다. 지금부터는 다음 문장을 읽고 각각의 문장마다 자신의 마음 상태와 가장 가까운 숫자에 표시해보자.

0: 전혀 그렇지 않다	1: 거의 그렇지 않다	2: 가끔 그렇다
3: 자주 그렇다	4: 거의 대부분 그렇다	5: 항상 그렇다

Q 나는 실수를 하거나, 비판을 받거나, 실패를 하면…

1. 내가 부족하고 무능하다는 생각이 든다.

   0 1 2 3 4 5

2. 내가 나약하고 실패자인 것 같다.

   0 1 2 3 4 5

3. 사람들이 나를 안 좋게 볼 것 같다.

   0 1 2 3 4 5

4. 죄책감과 수치심이 든다.

   0 1 2 3 4 5

5. 사람들과 거리를 둔다.

0 1 2 3 4 5

6. 새로운 일을 시도하지 않는다.

0 1 2 3 4 5

7. 내면의 비판자가 하는 말처럼 자신을 비하한다.

0 1 2 3 4 5

8. 내가 가면을 쓴 사기꾼처럼 느껴진다.

0 1 2 3 4 5

9. 실수하는 것이 무섭게 느껴진다.

0 1 2 3 4 5

10. 사람들이 나를 싫어할 것 같다.

0 1 2 3 4 5

결과 해석: 각 문장마다 0~2에 표시했다면 실수를 너그러운 태도로 대하고 있다는 뜻이다. 지금처럼만 꾸준히 실천하면 된다. 3~5에 표시했다면 내면의 비판자가 나타나고 있다는 뜻이다. 이 책에서 소개하는 활동을 계속 따라서 연습하다 보면 실패를 유연하게 대할 수 있을 것이다.

나의 두려움은 어떻게 만들어졌을까?

실패가 두려운가? 자신이 배우자, 연인, 가족, 친구, 동료, 학생, 부모로서 역할을 제대로 못 하는 것 같은가? 당신만 그렇게 느끼는 것이 아니다. 가면증후군을 겪는 사람들은 가면을 쓰지 않으면 불안하고 실패할 것 같아 무서워한다.

이런 두려움의 원인은 과거의 경험에서 찾을 수 있다. 어릴 때 시리얼을 주방 바닥에 쏟았다고 부모님께 크게 혼난 적이 있다면 그 경험 때문에 실수가 두려울 수 있다. 배우자가 당신에게 부부생활을 위해 더 많이 노력하지 않는다고 화를 낸 적이 있다면, 그 기억 때문에 자신이 모든 것을 엉망으로 만든 것 같은 두려움이 생겼을 수 있다.

자신의 두려움을 넘어서기 위해 꾸준히 노력하면서 동시에 자신의 두려움이 어디서 비롯되었는지 알게 되면 자신을 향한 연민의 마음이 피어난다.

당신이 실패를 두려워하게 된 계기는 무엇인가?

나는 두려움을 내려놓으면서 나 자신에게 말한다. 실수하고 완벽하지 않아도 나는 여전히 충분한 사람이다.

나의 단점을 너그럽게 받아들이기

우리는 자기 자신에게 가장 혹독한 비판자가 될 수 있다. 잘한 일보다 잘못한 일에만 집중하면서 자신을 비난한다. 실패도 마찬가지다. 실패한 사실에만 집중하다 보니 큰 그림을 보지 못한다. 예를 들어 당신이 지원한 대학원 한 곳에서 불합격 통보를 받았다고 가정해보자. 당장은 실패한 것처럼 보이겠지만, 처음 대학원에 진학하기로 결심했을 때 낸 용기 덕분에 다른 대학원에 합격하게 될 수도 있다.

지금부터는 자신의 단점이나 실패했던 경험을 하나 떠올려보고, 그 안에 무엇을 배울 수 있는지 생각해보자.

고난과 실패도 현재의 나를 만든 중요한 부분이다

지금의 당신은 부모의 양육 방식, 문화, 사회, 주변 사람들 등 수많은 요인이 모여 만들어진 결과다. 그뿐만 아니라 그동안 살면서 마주했던 고난과 역경, 실패도 지금의 당신을 있게 한 중요한 부분들이다. 어려운 유년 시절을 겪었거나 고등학교 때 따돌림 혹은 학교 폭력을 당했다면 그 기억을 견뎌내기가 쉽지 않았을 것이다.

어떤 경험을 했든 당신은 그 어려운 시간을 잘 이겨냈다. 그리고 그 과정에서 자신이 무엇을 소중하게 여기는지, 자신의 장단점은 무엇인지 등 자기 자신에 대해 많은 것을 알게 되었을 것이다. 힘든 시간을 지나오면서 어떻게 해야 더 나은 사람이 될 수 있는지 깨달았을 수도 있다. 배움과 성장, 발전의 여정은 끝이 없다.

이번 활동에서는 살면서 마주했던 고난과 역경을 떠올리면서 과거의 나를 모아 현재의 나를 콜라주(여러 조각을 붙여 새로운 이미지를 만드는 미술 기법-옮긴이)로 표현해볼 것이다. 잡지를 오려 붙여도 좋고, 색연필이나 물감처럼 원하는 재료를 원하는 방식으로 사용해도 좋다. 지금의 나를 만드는 데 영향을 미친 힘들고 어려웠던 과거의 경험들을 그림으로 자유롭게 표현해보자.

내 삶을 받아들이기

인생은 장애물과 갈림길로 가득한 길을 걷는 여정이다. 어느 길로 가야 하는지 확신도 서지 않는다. 실수, 난제, 타인과의 비교 등 장애물이 계속 나타나 당신이 옳은 길을 가고 있는지 의심하게 만든다. 이때 장애물이 내면의 비판자를 강하게 만들고 스스로 선택한 길을 포기하게 만드는 원인임을 알아차리면, 자기 비난이 아닌 자기 신뢰의 목소리에 귀 기울이게 된다.

이번 활동에서는 당신의 꿈과 목표에 대해 생각해보려 한다. 168쪽의 '내 삶의 목표'에 당신의 꿈과 목표를 써보고, 이를 달성하기 위해 현재 어떤 노력을 하고 있는지 생각해보자.

그다음에는 당신의 삶을 방해하는 요인들을 '내 삶의 장애물'에 적어보자. 마지막으로 목표를 달성하기 위해 지금까지는 어떤 노력을 했고 앞으로는 어떤 노력을 할 수 있을지 생각해본 다음 '내 삶을 받아들이기'에 적어보자.

예시

- 내 삶의 목표: 심리치료사로서 계속 성장하기, 나만의 심리치료 요법 만들기
- 내 삶의 장애물: 앞서가는 동료와 비교하기, 어려움을 겪을 때 도움 청하지 않기, 성장이 더딜 때 낙담하기
- 내 삶을 받아들이기: 내가 왜 심리치료 일과 내담자들에게 열정적으로 대하는지 잊지 않기, 시간이 걸리더라도 해낼 수 있다고 믿기

내 삶의 목표:

내 삶의 장애물:

내 삶을 받아들이기:

그 어떤 장애물이 나를 가로막고 그 어떤 두려움이 나를 덮친다 해도 나는 내가 포기하지 않을 것이라고 믿는다.

꿈이 이루어지는 미래를 상상하라

인간은 자기 자신을 지키기 위해 할 수 있는 모든 것을 한다. 이 말은 자신이 원하는 것을 얻지 못한다 하더라도, 상처받거나 실망하지 않기 위해 최악의 상황을 미리 생각한다는 뜻이기도 하다. 최악을 예상하는 일이 자신을 보호하는 것처럼 느껴질 수 있다. 하지만 이것이 오히려 자신이 원하는 것을 추구하지 못하게 막는 역할을 한다.

이번 활동에서는 당신의 꿈과 성공의 비전 보드를 만들어볼 것이다. 다음의 문장에 따라 아이디어를 떠올려보자.

- 면접 잘 보기, 세계여행 하기, 나만의 가정 이루기 등 정말로 바라는 일들이 가까운 미래에 모두 이뤄진다면, 당신의 인생이 어떻게 달라질 것 같은지 생각한다.
- 실패에 대한 두려움은 조심스럽게 내려놓고, 꿈이 성공적으로 이루어지는 미래를 상상하는 데에만 집중한다.
- 모든 바람이 잘 이루어진다면 어떤 기분일지 상상한다. 일과 삶에서 성취감을 느끼고 자신감이 넘치는 사람이 될 수도 있고, 잊지 못할 좋은 기억을 갖게 될 수도 있다.

아이디어가 떠올랐다면 자신만의 비전 보드를 창의적으로 만들어보자. 종이와 미술 도구를 이용해 그림을 그리거나 사진이나 그림을 오려 붙여도 된다. 꿈에 대한 글을 써도 좋다. 완성한 비전보드는 자주 볼 수 있는 곳에 걸어두자. 비전 보드를 볼 때마다 당신의 꿈을 이룰 힘이 생길 것이다.

실수에서 배우고 성장하기

당신은 '실수로부터 배웠다'라는 말을 알고는 있지만 그 말을 딱히 믿지 않을지도 모른다. 실수하면 전부 내 잘못인 것 같아 죄책감을 느끼거나 반대로 남 탓만 하고 있을 수 있다. 하지만 이런 태도는 오히려 내면의 비판자 목소리를 더 키울 뿐이다. 자신의 실수를 호기심을 가지고 관찰하다 보면 자신에 대해 잘 알게 된다. 그렇게 실패를 기회 삼아 성장하면, 실수한 자신도 있는 그대로 받아들일 수 있게 된다.

최근에 했던 실수를 떠올려보고, 실수한 자신을 너그럽게 이해해주면서 그 실수에서 어떤 교훈을 얻을 수 있을지 생각해보자.

회피하지 말고 해결하기

우리는 두려움 때문에 최악의 시나리오를 상상할 때가 많다. 무슨 수를 써서라도 그 상황만은 피하고 싶은 마음이 일어난다. 그러나 두려움을 피하기만 한다면 원하는 것을 얻기 위해 반드시 감수해야 하는 건강한 위험조차 회피하게 된다

예를 들어 당신은 첫 데이트에서 불안하고 초조한 모습을 보여 상대방이 자신을 싫어하게 될까 봐 두려운 마음에 첫 데이트 자체를 회피할 수 있다. 그렇게 되면 정작 자신이 바랐던 연인 관계로 발전할 기회조차 얻지 못하게 된다.

이번 활동에서는 시작부터 최악의 상황이 일어날 가능성을 생각하며 회피하는 대신, 두려움을 용기 있게 마주하고 자신이 무엇을 통제할 수 있는지 인지하는 시간을 가져볼 것이다.

예시

- 최악의 상황: 데이트 상대가 나를 싫어하면 매우 불안할 것 같아.
- 최악의 상황이 일어나지 않게 예방하는 법: 진정해. 대화를 이어나갈 질문들을 미리 생각해보자. 나답게 하는 거야!
- 최악의 상황이 일어난다면 해결하는 법: 나 자신에게 긴장해도 괜찮다고 말해주자. 데이트 상대도 아마 똑같이 긴장할 거야. 긴장되지만 좋은 시간을 보내고 싶다고 솔직하게 말하면서 상대에게 나의 취약성을 드러내 보자.

자, 이제 최악의 상황을 한 가지 떠올려보자. 어떻게 하면 완벽주의 없이 최고의 역량을 발휘해서 최악의 상황이 일어나지 않게 막을 수 있을까? 당신의 통제력과 힘으로 무엇을 할 수 있을까?

예를 들어 데이트에서 자신감을 가지려고 미리 대화 주제를 여러 개 준비할 수는 있겠지만, 그렇다고 해서 당신에 대한 상대방의 마음까지 통제할 수는 없다. 만약 최악의 상황이 일어난다면 어떤 기분이 들 것 같은지 생각해보자. 데이트를 망친다고 해서 세상이 무너지지는 않을 것이다. 그렇다면 이 상황을 어떻게 해결할 수 있을까? 여기서 우리가 기억할 점이 있다. 더 나아지도록 바꾸려 하지 않고, 결과를 있는 그대로 받아들이는 것도 해결이라는 사실이다. 데이트 상대가 나에게 관심이 없어도, 대학원 진학에 실패했어도 그 결과를 그대로 받아들이는 것도 상황을 해결하는 방법이다.

- 최악의 상황:

____

____

- 최악의 상황이 일어나지 않게 예방하는 법:

____

____

- 최악의 상황이 일어난다면 해결하는 법:

____

____

나의 단점과 실수를 받아들이면 내가 되고 싶은 사람으로 성장할 수 있다.

실패에 대한 너그러운 태도가 중요하다

실패에 대한 두려움을 없애려면 자기 자신을 너그러운 태도로 대하는 것이 중요하다. 자신을 향해 자비를 베풀면 실수를 하더라도 쉽게 용서할 수 있고 실패로부터 배우고 성장하는 법도 알게 된다. 또한 자신의 능력과 한계뿐만 아니라 자기 자신에 대해 온전히 이해할 수 있게 된다.

나는 실수하거나 비판적인 피드백을 받으면, 나 자신에게 너그럽게 대하기 위해서 '친절한 알리미gentle reminder'를 작동시킨다. 좋아하는 말이나 인용문, 명언 등을 일기에 적어놓거나, 포스트잇에 써서 컴퓨터 옆에 붙여놓고 자주 들여다보는 것이다.

어떤 방식이든 좋다. 자기 자신에게 들려주고 싶은 말을 여러 개 골라서 종이에 적어도 좋고, 스마트폰이나 컴퓨터의 메모장에 저장해놓아도 된다. 마음을 울리는 인용문이나 노래 가사를 고르거나, 자책하는 친구나 가족에게 당신이 해줄 것 같은 말을 떠올리는 것도 좋다. 친절한 알리미가 전하는 메시지들을 읽다 보면 당신은 자연스럽게 자신의 단점과 실수를 너그럽게 받아들일 준비가 되어 있을 것이다.

실수와 공감 캘린더

176쪽의 캘린더 양식을 사용하거나 스마트폰이나 컴퓨터에 있는 캘린더 기능을 사용하면, 일상에서 자기 자신에게 너그럽게 대하고 있는지 계속 추적할 수 있다. 이 캘린더에는 줄을 잘못 서는 것처럼 사소한 실수도, 남편이나 아내에게 상처를 주는 말을 했거나 직장에서 맡은 대형 프로젝트를 망친 일처럼 큰 실수도 모두 기록한다.

실수한 기억을 매일 떠올리는 일이 버거울 수 있으니, 실수는 일주일에 며칠만 기록하되 대신 자기 자신을 너그럽게 대하는 법은 하루에 한 가지씩 한 달 동안 매일 기록한다. 실수와 실패를 기록하는 활동인데도, 오히려 계속 하다 보면 일상에서 자신의 마음을 잘 돌보는 소중한 습관이 생기게 된다. 마음챙김을 일상화하면 실수를 하더라도 불안하지 않고 자신을 더 믿을 수 있고, 자신의 놀라운 역량을 더욱 온전히 수용할 수 있게 된다.

월요일	화요일	수요일	목요일	금요일	토요일	일요일
1	2	3	4	5	6	7
8	9	10	11	12	13	14
15	16	17	18	19	20	21
22	23	24	25	26	27	28
29	30	31				

핵심 정리

완벽하지 않아도 괜찮다

이 장에서는 실수와 실패를 자각하는 일의 중요성을 살펴보았다. 또한 여러 활동을 하면서 실패에 대한 두려움과 실패가 일어났을 때 결과를 너그럽게 수용하는 법을 배웠다.

당신만 실패를 두려워하는 것이 아니다. 그러니 완벽하지 않아도 괜찮다고, 지금 그대로의 모습으로도 충분하다고 자신에게 말해주자.

- 실패에 대한 두려움은 실수를 하는 것이 나쁜 일이라고 믿게 만드는 과거의 경험에서 비롯되는 경우가 많다.
- 실패에 대한 두려움은 건강한 위험을 감수하는 일마저도 회피하게 만들 수 있다.
- 실수를 자비로운 마음으로 대하는 방식으로는 자기 용서, 자기 사랑, 관찰, 성장이 있다.
- 실수와 실패는 일과 개인의 삶에서 배우고 성장하는 기회를 준다.
- 실수를 삶의 일부로 받아들이면 본인의 장단점뿐만 아니라 자신의 진짜 모습을 온전히 수용할 수 있게 된다.

8장

과로와 번아웃에서 내 인생을 구하라

가끔 번아웃에 빠진 것 같거나 살기 버겁다고 느껴지는가? 스스로 충분하다는 사실을 증명하기 위해 계속 일하고 노력해야 하는 끝이 없는 싸움에 말려든 기분이 드는가?

당신만 그런 것이 아니다. 가면증후군에 걸린 사람은 자신이 무능력하고 부족한 사람이라고 믿기 때문에, '쉬지 않고 일하기work-and-do'를 반복하면서 자기 자신을 가혹하게 몰아세운다. 스스로 괜찮은 사람이라고 느끼고 싶지만, 마음 한편으로는 여전히 내면의 비판자가 세운 지나치게 높은 기준에 도달하지 못한 자신을 못마땅하게 느낄 것이다.

과로와 번아웃이 익숙한 당신. 혹시 내면의 비판자를 잠재우고 마음의 안정을 찾기를 바라는가? 그렇다면 좋은 방법이 있다. 번아웃에 빠질 것 같거나 이미 빠졌다고 느낄 때, 건강한 경계를 설정하고 일과 삶의 균형을 찾으면 된다. 이 방법은 당신이 스스로 충분하다고 느낄 수 있게 도와줄 것이다.

건강한 경계 설정하기

○ **제니의 이야기**

제니는 일과 가정, 주변 사람들과의 관계까지 모든 것을 다 가진 41세의 성공한 여성이다. 음악 업계에서 일하는 제니는 항상 늦은 시간에 퇴근했고 심지어 주말에도 근무했다. 그런데도 매일 새벽 5시에 일어나 아침 식사를 차리고 남편과 두 자녀를 위한 점심과 저녁 식사를 미리 준비했다. 사람들은 그녀를 항상 긍정적이고 활력이 넘치며 주변을 잘 챙기는 사람으로 생각했다. 하지만 제니의 내면은 이미 지칠 대로 지친 상태였고 결국 번아웃이 찾아왔다. 제니에게는 휴식이 필요했다.

지난 몇 년간 번아웃과 함께 제니를 괴롭힌 감정은 죄책감과 분노였다. 그녀는 자신이 다른 사람들을 위해 그렇게 많이 헌신했는데도 자신은 그만큼 대우받지 못했다는 사실에 화가 났다. 또한 오로지 자신만을 위해서 시간을 쓰려고 하면 죄책감이 들었다. 다른 사람들이 실망할 것 같아 두려웠기 때문이다. 그러던 어느 날 제니가 유방암 진단을 받은 이후로 모든 것이 달라졌다.

이 일은 제니의 인생에서 전환점이 되었다. 그녀는 자신을 돌보는 시간도 필요하다는 사실을 그때야 깨달았다. 제니는 자신이 원하지 않을 때는 상대의 부탁을 거절했고, 자신을 돌보는 시간을 따로 정해놓고 휴식을 취했다. 또 심리치료사의 도움을 받아 죄책감과 분노가 어린 시절에 어머니가 자신의 감정을 무시했던 상처에서 비롯되었음을 알게 되었다. 어머니의 사랑과 관심을 받기 위해 애썼던 마음이 성인이 되어서도 나타났고, 누군가에게 사랑받고 싶은 마음에 '모든 일을 전부 혼자서' 했다는 사실을 깨닫게 된 것이다. 아픈 과거를 돌아보는 시간은 힘들었지만 그 덕분에 마음이 치유될 수 있었다.

그렇게 제니는 자신이 노력해야만 사랑받을 수 있는 사람이 아니라 있는 그대로의 모습으로도 사랑받을 자격이 있는 사람이라고 믿게 되었다.

완벽주의가 어떻게 번아웃을 일으키는가

자신이 성공한 이유가 실력이 아닌 운 때문이라고 생각해본 적이 있는가? 너무나 멋진 배우자가 왜 나를 선택했는지 이해가 되지 않는가? 이와 같은 혹은 비슷한 생각이 들었다면 당신은 자기 자신이 괜찮은 사람이라고 생각하지 않을 가능성이 크다. 자신이 성품도 좋고 능력도 뛰어나고 성공한 사람이라는 사실을 입증하는 증거가 있는데도 불구하고 자신을 믿지 못하고 의심하는 것이다. 그러나 이런 태도는 본인이 충분히 괜찮은 사람이라는 사실을 타인에게 입증하기 위해 더 많이 일해야 한다고 믿게 만든다.

자신의 가치를 증명하려고 쉬지 않고 일하는 삶은 완벽해지고 싶은 욕구에서 비롯되었을 수 있다. 완벽함은 현실에 존재하지 않기 때문에 아무리 많이 일하더라도 절대로 완벽해질 수 없다. 결국 우리에게 남는 것은 번아웃과 과로뿐이다.

이 장에서는 완벽주의로 인한 과로에서 벗어나 나다운 삶으로 다시 돌아오는 방법에 대해 배워볼 것이다. 또한 번아웃에 이르게 한 원인이 무엇이고, 어떻게 해야 완벽주의가 만든 기준을 바꿀 수 있는지 알아본다. 마지막으로 죄책감을 잘 다루면서 일과 삶의 건강한 경계를 설정하는 방법에 대해서도 살펴볼 것이다.

번아웃을 경고하는 징후들

체크리스트를 읽으면서 번아웃이 오기 전과 번아웃에 빠졌을 때 느꼈던 증상들을 체크해보자. 표시한 항목은 203쪽 표 '번아웃 관리하기'를 작성할 때 활용할 수 있다.

번아웃이 오고 있다는 징후

- ☐ 자신을 돌보는 시간이 거의 없다.
- ☐ 다른 사람들과 거리를 두는 시간이 많아졌다.
- ☐ 불안과 짜증이 많아졌다.
- ☐ 일하는 시간이 평소보다 늘었다.
- ☐ 퇴근 후나 주말에도 '일' 생각이 떠나지 않는다.
- ☐ 남의 부탁을 거절하면 나를 어떻게 생각할지 걱정된다.
- ☐ 갈등을 피하려고 항상 '네'라고 말하고, 늘 남의 눈치를 본다.
- ☐ 나의 욕구보다 남의 욕구를 먼저 생각한다.
- ☐ 쉬는 것이 어렵고 낯설다.

번아웃이 왔다는 징후

- ☐ 항상 피곤하다.
- ☐ 화와 분노가 쉽게 일어난다.
- ☐ 무기력하다.
- ☐ 일상생활에서 의욕이 느껴지지 않는다.
- ☐ 우울함과 죄책감이 들고, 자신이 쓸모없다고 느껴진다 .
- ☐ 불면증 등 수면 장애를 겪는다.

☐ 기억력과 집중력이 나빠졌다.

☐ 두통, 호흡 곤란, 소화 장애 등 신체적 증상이 나타난다 .

☐ 미래를 부정적으로 바라본다.

☐ 업무나 개인적인 일을 미룬다.

당신의 번아웃 상태는?

다음은 자신의 번아웃 상태를 파악할 수 있도록 도와주는 퀴즈다. 자신의 상태를 정확하게 알아야 자신을 잘 돌보는 방법을 찾을 수 있다. 지금부터 문장을 읽고 각각의 문장마다 자신의 상태와 가장 가까운 숫자에 표시해보자.

0: 전혀 그렇지 않다	1: 거의 그렇지 않다	2: 가끔 그렇다
3: 자주 그렇다	4: 거의 대부분 그렇다	5: 항상 그렇다

Q **지난주에 나는…**

1. 다른 사람들한테 짜증이 나고 화가 났다.

   0 1 2 3 4 5

2. 해야 할 일을 미뤘다.

   0 1 2 3 4 5

3. 평소에 즐겨 하던 일에 대한 의욕마저 떨어졌다.

0 1 2 3 4 5

4. 피곤함을 느꼈다.

0 1 2 3 4 5

5. 일이나 대화에 집중하기 어려웠다.

0 1 2 3 4 5

6. 내 일에 또는 다른 사람들에게 화가 나고 억울함을 느꼈다.

0 1 2 3 4 5

7. 기억력이 나빠졌다.

0 1 2 3 4 5

8. 불안했다.

0 1 2 3 4 5

9. 나를 돌보는 시간이 거의 없었다.

0 1 2 3 4 5

10. 도망치고 싶은 마음이 들었다.

0 1 2 3 4 5

11. 의욕과 열정이 줄어들었다.

0 1 2 3 4 5

12. 다른 사람들과 단절된 기분이 들었다.

0 1 2 3 4 5

13. 정서적으로 무감각해졌다.

0 1 2 3 4 5

결과 해석: 0~2에 표시했다면 당신이 잘하고 있다는 뜻이다. 일과 삶이 꽤 단단하게 균형 잡혀 있고 번아웃이 일어나지 않게 잘 예방하고 있으므로 지금처럼만 계속하면 된다.

3~5에 표시했다면 당신에게 도움이 필요하다는 뜻이다. 현재 과로와 번아웃을 겪고 있음을 의미한다. 이 책에서 소개하는 활동들을 따라 하면서 자신에게 맞는 경계를 세워야 한다(건강한 경계를 세우는 법은 다음 장에서 다룰 것이다). 아울러 번아웃을 예방하기 위한 노력도 꾸준히 이어가야 한다. 당신은 과로와 번아웃 없는 삶을 살 자격이 있다.

완벽해지려는 마음

완벽주의는 '쉬지 않고 일만 하기'를 반복하다 결국 번아웃에 빠지게 하고 성취감도 느끼지 못하게 만든다. 자신이 완벽주의자형 가면증후군을 겪고 있다는 사실을 알아차리고 이것이 내 생각과 감정, 행동에 어떤 영향을 미치는지 알면, 어떻게 해야 내면의 비판자가 사라지고 삶의 만족감을 더 크게 느낄 수 있는지 알 수 있다.

완벽주의자형 내면의 비판자가 당신에게 어떤 메시지를 보내는가?

완벽주의자형 내면의 비판자는 당신을 어떻게 번아웃에 빠트리는가?

거절하지 못하는 삶에서 자기 돌봄의 삶으로

경계를 설정하고 거절 의사를 표현하는 일은 늘 쉽지 않다. 경계를 설정하려 하면 내면의 비판자가 나타나서 '너는 이기적이고 무능하고 남에게 무관심한 사람이야'라고 비난할 수 있고, 다른 사람들이 자신을 무시하거나 싫어할까 봐 두려울 수도 있다. 두려움과 번아웃을 극복하고 마음의 안정을 찾기 위해서는 당신의 마음을 돌보지 못하게 막는 두려움의 정체를 찾아야 한다.

당신은 자신을 돌보기 위해 경계를 설정하고 거절하는 일이 왜 두려운가?

____

____

____

____

____

나는 그 자체로 충분하다. 나는 완벽주의의 통제에서 자유롭다. 이제 나는 나의 능력을 나다운 방식으로 받아들일 것이다.

번아웃에서 회복으로

이번 활동에서는 자신을 보호하기 위한 건강한 경계를 설정하고 그에 따라 거절 의사를 밝힐 때 어떤 불편한 감정이 느껴지는지 알아본다. 자신을 불편하게 하는 감정의 정체를 파악하면 그 감정으로부터 치유될 수 있고 마음의 안정을 찾을 수 있다.

예시

- 거절 의사를 밝히면 죄책감과 수치심이 느껴진다.
- 죄책감과 수치심이 느껴지는 이유는 내가 거절을 하면 가족들이 언짢아할까 봐 걱정되기 때문이다.
- 거절 의사를 밝히는 일이 어렵고 불편하더라도 때로는 나와 내 삶의 중요한 사람들인 가족, 친구들과 함께 보낼 시간을 만들기 위해서 거절해야만 한다.
- 다음에 거절 의사를 밝혀야 하는 상황이 오면, "나는 내 마음이 원하는 대로 해도 된다"라고 나 자신에게 말해주면서 나의 마음에 공감해줄 수 있다.

- 거절 의사를 밝히면 ______________이 느껴진다.
- ________________이 느껴지는 이유는 내가 거절을 하면

______________일(할)까봐 걱정되기 때문이다.

- 거절 의사를 밝히는 일이 어렵고 불편하더라도 때로는 ______________하기 위해서 거절해야만 한다.
- 다음에 거절 의사를 밝혀야 하는 상황이 오면, ____________ ____ 하면서 나의 마음에 공감해줄 수 있다.

마음을 돌보는 틈새 휴식법

나는 일에 너무 집중한 나머지 휴식을 취하거나 식사를 해야 한다는 생각을 잊어버린 적이 셀 수 없이 많다. 나를 위해 보내는 시간이 거의 없다는 사실을 알지 못한 채로 남의 부탁에 항상 '네'라고 대답했던 적도 있다. 당신의 상황과 비슷한 것 같은가? 그렇다면 당신도 쉬지 않고 일하는 것이 쉽고, 오히려 휴식하고 재충전하는 것이 더 어렵다고 생각할지 모른다.

지금부터 배울 '마음을 돌보는 틈새 휴식법'은 항상 일만 하던 당신이 처음으로 쉬는 시간을 가질 수 있도록 도와줄 유용한 방법이다.

다음 표에서 일주일에 세 번 정도 실천할 수 있는 마음돌봄 휴식법을 한 가지 이상 선택한다. 자신만의 휴식 방법을 표에 자유롭게 추가해도 좋다. 처음에는 30초 동안의 짧은 휴식으로 시작해서 점진적으로 휴식 시간을 늘려간다. 5분 또는 10분까지 늘려도 괜찮다.

30초 마음돌봄 휴식법	1분 마음돌봄 휴식법	2분 마음돌봄 휴식법
자리에서 일어나 간단한 스트레칭을 한다.	물 한 잔을 마신다.	간식을 먹는다.
하고 있던 컴퓨터 작업을 멈추고 멀리 떨어진 곳을 본다.	주위를 둘러보면서 주변에 있는 것들을 소리 내서 말한다.	밖에 나가거나 창문을 열어 상쾌한 공기를 마신다.
눈을 감고 '3-2-3 호흡법'을 실시한다. (73~74쪽 참조)	생각만 해도 행복해지는 장소를 머릿속으로 떠올린다.	음악을 듣는다.

나와 타인 모두에게 온전히 집중할 수 있으려면 나를 돌보는 시간이 꼭 필요하다.

당신은 소중한 사람이다

우리는 가끔 자신도 모르는 사이에 자기 자신을 돌보는 행동을 한다. 바쁘고 힘들었던 하루를 보낸 뒤 에너지를 재충전하는 밤을 보내거나, 친구나 심리상담가에게 도움을 요청하기도 한다. 자신을 돌본다는 말에는 타인의 부탁이나 요청에 'No'라고 말하는 것뿐만 아니라, 자신에게 'Yes'라고 말하는 것도 포함된다. 이렇게 자기 돌봄self-care을 잘 실천하면 번아웃이 예방되고 스스로 괜찮은 사람이라고 느껴지게 된다.

당신은 자기 돌봄을 위해 지금 어떤 노력을 하고 있는가? 과거에는 어떤 노력을 했는가?

자기 돌봄을 실천하고 번아웃을 예방하기 위해 어떤 노력을 추가로 할 수 있을까? 한두 가지 정도만 생각해보자.

____

____

____

____

____

____

완벽주의자형 내면의 비판자 길들이기

이번 활동에서는 완벽주의자형 내면의 비판자가 나타날 때 자신을 너그럽게 보듬어주는 법을 배워본다. 완벽주의는 현실에서 다음과 같이 다양한 모습으로 나타난다.

- 다른 사람과 비교한다.
- 비현실적으로 높은 기준을 세운다.
- 작은 실수에도 자신을 가혹하게 비난한다.
- 건설적인 비판을 받아들이기 어려워한다.
- 자신이 이룬 성취를 인정하지 않는다.

자신의 완벽주의적인 모습을 너그러운 마음으로 대하면 자기 자신과 자신의 노력을 있는 그대로 인정하고 수용할 수 있다.

지금부터는 내 안의 완벽주의자를 길들이기 위한 활동을 시작해볼 것이다. 먼저 직장이나 학교, 일상의 여러 영역에서 완벽주의자형 내면의 비판자가 속삭이는 말이 무엇인지 알아차리고, 그 메시지들을 다음 표의 '완벽주의자의 목소리'에 적어보자. 옆칸의 '자비로움의 목소리'에는 자신의 마음에 공감해주고 자신에게 자신감을 줄 수 있는 말이나 행동을 적어보자.

	완벽주의자의 목소리	자비로움의 목소리
예시: 회사에서 비판적인 피드백을 받은 상황	너는 멍청하고 무능해. 너는 해고당할 거야.	이 비판적인 피드백은 나라는 사람을 비난한 것이 아니야. 나는 이 피드백을 밑거름 삼아 내가 되고 싶은 모습으로 성장할 수 있어.
비현실적인 기준을 세우는 상황		
남과 비교하는 상황		

	완벽주의자의 목소리	자비로움의 목소리
자신을 비난하는 상황		
다른 사람에게서 비판을 받는 상황		
자신의 성과를 인정하지 않는 상황		

자기 돌봄에 대한 생각 바꾸기

당신이 자기 돌봄을 두려워하는 이유는 과거의 경험 때문일 수도 있고, 자기 돌봄에 대한 생각이 형성될 때 영향을 준 사회적·문화적 기대 때문일 수도 있다. 만약 인생을 즐기는 것보다 열심히 일하는 것을 더 높게 평가하는 문화에서 자랐다면, 일 이외에 하고 싶은 일을 하며 시간을 보내는 것에 죄책감을 느낄 수 있다.

자기 돌봄에 관한 생각을 바꾸고 완벽주의와 번아웃에서 벗어나려면, 먼저 자기 돌봄에 관한 자신의 생각이 과거의 어떤 경험으로 인해 형성되었는지를 알아야 한다.

자기 돌봄에 관해 당신이 현재 갖고 있는 생각은 어떤 문화적, 개인적, 사회적 기대와 경험으로 형성되었는가?

당신은 자기 돌봄에 관한 생각을 어떻게 바꾸고 싶은가?

일과 삶의 균형 찾기

일과 삶의 균형이 깨진 것 같다고 느껴본 적이 있는가? 과로로 힘들어 하거나 자신이 영원히 부족할 것이라고 느껴질 때 일과 삶의 균형이 깨진 삶을 사는 경우가 많다. 자기를 돌보는 시간을 갖지 않고 일만 하다 보면 번아웃에 빠질 수밖에 없다. 하지만 다행히도 당신에게 어울리는 삶의 균형을 찾는 방법이 있다. 일과 삶이 균형 잡힌 삶은 당신에게 에너지와 원동력, 열정을 다시 불어넣어줄 것이다.

먼저 최근 자신의 인생이 어느 부분에 과도하게 집중된 것 같은지 생각해보자. 예를 들면 장시간 일하느라 휴식이나 여가 생활을 하지 못했을 수 있다. 또는 친구나 가족들과 시간을 보내느라 정작 자기 자신을 돌보는 시간을 전혀 갖지 못했을 수도 있다.

이제 자신의 삶에서 어느 부분을 개선해야 하는지 생각해보자. 어디에 더 많은 관심과 사랑을 주어야 할까? 만약 당신이 내향형 인간이라면 에너지를 재충전하는 시간이 많이 필요할 것이다. 특히 다른 사람들과 많은 시간을 보낸 뒤라면 더욱 그럴 것이다. 만약 주중에 일하느라 바빴다면 주말에는 하이킹을 가거나 새로운 음식을 먹어보는 등 재미있는 일을 하면서 보내는 것도 좋은 방법이다.

삶에서 지나치게 치중하고 있는 영역	삶에서 더 많은 관심이 필요한 영역

두려움에서 용기로

사람들의 눈치를 보거나 번아웃에 빠지기 직전의 사람들은 무기력을 쉽게 느끼고 자신의 욕구를 중요하게 여기지 않는다. 물론 건강한 경계를 설정하고 거절 의사를 표현하는 일이 두려울 수 있다. 하지만 자기 돌봄을 방해하는 두려운 마음을 오히려 당당하게 드러내면 사람들이 보내는 격려와 응원에 힘입어 두려움을 극복할 용기를 낼 수 있게 된다.

지금부터는 자신의 마음이 원하는 대로 행동할 때 느껴지는 두려움을 다음 그림의 '두려움의 메시지'에 표현해볼 것이다. 내 생각과 감정을 말하기 두려운 마음을 여러 가지 모양과 색깔, 단어, 관용구, 콘셉트를 이용해서 자유롭게 표현해보자.

'두려움의 메시지'를 마쳤다면 이제는 '용기의 메시지'로 넘어갈 차례이다. 자신의 욕구에 자주 'Yes'라고 말해준다면 어떨 것 같은가? 자신의 욕구를 지지하는 마음을 나타내는 색깔과 아이디어, 단어를 떠올려보고 '용기의 메시지'에 표현해보자.

두려움의 메시지

용기의 메시지

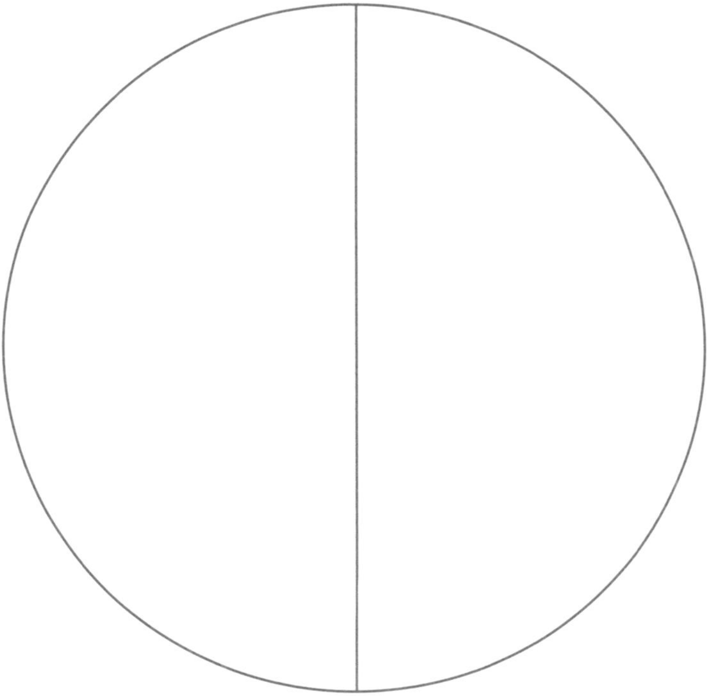

번아웃 관리하기

우리는 가끔 회사 업무나 개인적인 일을 할 때 쉼 없이 계속 몰두하는 자신을 발견한다. 번아웃을 예방하기 위해서는 당신의 상태가 번아웃에 가까워지고 있다거나 이미 번아웃에 빠졌음을 경고하는 징후들을 알아차려야 한다. 이런 징후를 발견하는 좋은 방법은 과거에 겪었던 번아웃 경험을 돌아보는 것이다.

지금부터는 번아웃을 관리하기 위해 표를 작성해볼 것이다. 먼저 삶의 영역별로 최근 번아웃에 빠졌었거나 번아웃에 빠지기 직전이었을 때 겪었던 경험을 하나씩 떠올려보자. 그런 다음 당시에 어떤 감정을 느꼈고 어떤 생각과 행동을 했는지 생각해보고 각각 적어보자. 아이디어가 잘 떠오르지 않는다면 185~187쪽 '당신의 번아웃 상태는?' 퀴즈 문항을 참고해도 좋다. 마지막으로 230~231쪽 '자기 돌봄 체크리스트'를 참고해서 번아웃을 잘 관리하는 나만의 방법을 만들어보자.

번아웃에 가까워지고 있다는 징후	번아웃에 이미 빠졌다는 징후	번아웃을 관리하는 나만의 방법
예시: 나는 항상 야근한다. 왜냐하면 내가 부족한 것 같고, 회사에서 해고당할 것 같아 걱정되기 때문이다.	남들에게 짜증을 많이 낸다. 두통을 자주 느낀다. 일을 자주 미룬다. 출근이 무섭다.	도움이 필요할 때 요청하기, 일하면서 잠깐씩 쉬어주기, 쉬는 날에는 업무 이메일에 답하지 않기.
가족:		
일:		
연인 관계:		
친구:		
학교:		

나만을 위한 경계를 세워라

경계를 설정하는 일이 어렵게 느껴지는가? 이번 활동은 경계 설정을 시각화하는 연습이다. 경계를 어떻게 설정할지 머릿속으로 그리면서 계속 연습하다 보면, 실전에서 성공적으로 경계를 세울 수 있다.

이번 활동에서는 자신만의 경계를 세우고 유지하는 법을 배우고, 건강한 경계를 설정하면 무엇이 좋은지 살펴볼 것이다.

1. 경계를 세우고 싶은 삶의 영역을 정한다.
2. 해당 영역에서 경계 설정이 필요한 사람을 한 명 떠올린다. (예: 회사 상사, 나의 시간과 에너지를 많이 소모시키는 친구)
3. 해당 영역에서 경계 설정을 할 수 있는 방법을 생각한다. (예: 일하는 시간에만 이메일 확인하기, 친구에게 거절 의사를 좀 더 자주 표현하기)
4. 이때 상대방이 어떻게 반응할지 생각한다. (예: 상사가 내 행동을 이해하지 못할 것이다, 친구는 자신과 시간을 많이 보내지 않는다며 내게 화를 낼 것이다.)
5. 상대방이 반발하는 상황이 일어나면 어떻게 반응할지 생각

한다. (예: 죄책감이 들지 않게 관리한다, 상대방의 반발에 흔들리지 않고 내가 바라는 사항을 전달한다.)

6. 다른 상황도 이 순서대로 연습해본다.

가끔은 타인을 위해 쓰는 시간을 줄여야 한다. 그래야 온전히 나만을 위한 시간을 가질 수 있다. 나는 소중하기 때문이다.

자기 돌봄 계획표 만들기

자신의 현재 기분과 욕구를 잘 알아차리려면 일주일 동안 나의 상태가 어떤지 확인하는 일이 꼭 필요하다. 자신을 살피지 않으면 쉬지 않고 일만 하는 상태에 빠져 과로하기 쉽고, 재충전이 필요하다는 사실조차 쉽게 잊어버린다.

이번 활동에서는 206쪽의 주간 계획표를 활용해 번아웃을 관리하는 법을 배운다. 매일 자신의 상태를 확인하고 숫자 0부터 10까지로 표현해본다. 참고로 10은 완전히 번아웃인 상태이다. 그런 다음 자신에게 필요한 것, 거절할 대상이나 업무, 휴식과 즐거움을 위해 할 수 있는 일을 각각 하나씩 생각해보고, 주간 계획표에 적어본다.

이렇게 해보면 휴식과 놀이, 재충전을 위한 마음의 공간이 생길 것이다. 예를 들어 당신이 번아웃 상태가 7 수준이라면, 만나서 놀자는 친구의 요청을 거절하고 온전히 자신만을 위한 저녁 시간을 보내는 선택을 할 수 있다. 혹은 쉬는 것도 중요하니 주말 동안 박물관에 가거나 해변에서 시간을 보낼 수도 있을 것이다.

계획표를 활용하면 일간 또는 주간 단위로 자기 돌봄 활동을 위한 시간을 미리 계획할 수 있다. 그럼 지금부터 당신을 위한 마음의 공간을 만드는 연습을 시작해보자.

	번아웃 수준 (1부터 10까지)	나에게 필요한 것	내가 거절할 대상 또는 업무	휴식과 즐거움을 위해 할 수 있는 일
월요일				
화요일				
수요일				
목요일				
금요일				
토요일				
일요일				

핵심 정리

자신을 돌보는 시간은 반드시 필요하다

가면증후군을 겪는 사람은 자신의 역량이 부족해서 항상 더 많이 노력해야 한다고 믿기 때문에 결국 번아웃에 빠지고 만다. 이들이 겪는 번아웃은 삶의 다양한 영역에서 나타날 수 있다.

이 장에서 우리는 당신의 내면에 존재하는 완벽주의자를 잠재우는 연습을 했다. 또한 자신만의 경계를 설정하고 번아웃에 빠지지 않게 관리하면서 자신을 돌보는 방법을 배웠다.

- 비현실적으로 높은 목표를 세우고 완벽해져야 한다는 강박은 과로로 이어지고, 결국 번아웃을 낳는다.
- 번아웃의 흔한 증상으로는 피곤함, 일을 미루는 버릇, 짜증, 불안 등이 있다.
- 자신만의 경계를 설정하면 과로와 번아웃을 예방할 수 있다.
- 자기 자비와 자기 돌봄을 실천하려면 경계 설정이 필요하다.
- 자신을 돌보는 일은 꼭 필요하다. 에너지를 재충전하는 시간이기 때문이다. 이 시간이 있어야 자신의 삶을 더욱 충만하게 살 수 있고 타인에게도 온전히 집중할 수 있다.

9장

자기 돌봄이 우선이다

자기 돌봄은 가면을 벗은 모습에도 만족하는 삶을 살기 위해 꼭 필요하다. 내 안의 고갈된 에너지를 다시 채우지 않으면 어떻게 다른 사람들을 돕고 삶의 과업을 수행할 수 있겠는가? 하지만 나 자신을 돌보고 최우선으로 삼기란 쉽지 않다. 완벽해지려는 마음이 나타나면 자신의 욕구는 무시하게 되고 다른 사람의 기분을 맞추는 데만 신경을 쓰게 되는 악순환에 빠지기 쉽다.

긴장을 풀고 '쉬지 않고 일하기' 모드를 끈 다음 자신을 돌보라. 그러면 당장의 효과를 얻을 수 있을 뿐 아니라 미래에도 자기 돌봄이 주는 긍정적인 결과를 누릴 수 있다. 단기적으로는 번아웃과 이로 인해 일어나는 부정적인 결과를 예방할 수 있고, 장기적으로는 자신과 자신의 능력을 있는 그대로 인정할 수 있게 되며 성취감도 더 크게 느낄 수 있다.

나 자신을 돌보기

○ **신시아의 이야기**

신시아의 어머니는 알코올 중독자였다. 신시아는 어린 시절에 부모님이 자주 싸우시던 모습을 보면서 자랐다. 결국 신시아의 아버지는 어머니를 알코올 중독 치료센터에 입원시키기로 결정하고 어머니를 차에 태워 센터로 향했다. 신시아는 입원을 거부하며 저항하는 어머니를 보면서 속상해했던 기억을 떠올렸다.

십 대 때부터 신시아는 집안에서 부모님의 역할을 대신하기 시작했다. 학교를 마치고 집으로 돌아오면 자주 술에 취해 소파에 누워 있던 어머니를 돌봐야 했다. 아버지가 늦게까지 일하셨기 때문에 혼자서 직접 저녁밥을 차려 먹었고, 다음날 학교에 가져갈 도시락도 스스로 준비했다. 어머니를 돌보는 시간이 늘어날수록 신시아가 그 또래 어린아이처럼 지낼 수 있는 시간은 줄어들었다.

이십 대 중반이 되었을 무렵 신시아는 알코올 중독 치료센터를 들락날락하던 한 남자를 만나 사귀게 되었다. 그녀는 십 대 때 어머니의 보호자 역할을 했던 것처럼 이제는 남자친구의 보호자가 되어 그를 돌보았다. 남자친구가 심리치료센터와 중독자 모임에 갈 수 있도록 태워다 주었고, 그가 친구들과 외출하면 행여 술을 마시지는 않는지 계속 확인했다. 남자친구가 세 번째로 알코올 중독에 빠졌을 때, 그녀는 남자친구와 헤어지기로 결심했다. 그러나 불안하고 우울한 마음이 종일 그녀를 괴롭혔다. 친구들과 가족들의 도움을 거부했고, 심지어 대학도 그만두었다. 신시아는 자신이 어린 시절부터 지금까지 그동안 다른 사람을 위해 얼마나 많은 것을 희생하며 살았는지 깨달았다. 그리고 지금이 변화가 필요한 때라고 생각했다. 그녀는 먼저 자신이 누구이고 삶에서 무엇을 원하는지 찾아야 하며, 이를 위해서는 자기 돌봄이 필요하다는 사실을 알아차렸다.

내면의 비판자를 없애는 자기 돌봄의 힘

가면증후군으로 인해 나타나는 부정적 자기 대화는 자신을 다정하고 너그럽게 대하지 못하게 만든다. 내면의 비판자는 당신에게 쉴 자격이 없거나 쉴 필요가 없는 사람이라고 말한다. 또 자신의 욕구를 등한시하면서, 그 대신 가족이나 친구를 위해 더 많이 일하고 희생해야 한다고 믿게 만든다. 가면증후군에 걸리면 자신도 소중한 사람이고 자신의 감정과 욕구도 존중받아 마땅하다는 사실을 쉽게 잊어버리고 만다. 그래서 내면의 비판자를 없애려면 자기 돌봄이 매우 중요하다. 자기 돌봄은 진실성, 용서, 친절과 함께 자기 자신을 너그럽게 대하는 방법 중 하나다.

내면의 비판자를 없애는데 자기 돌봄이 어떻게 도움이 될까? 먼저, 자기 돌봄으로 과로와 번아웃을 예방할 수 있다. 내면의 에너지가 덜 고갈되면 자신의 본 모습을 일상에서 더 자유롭게 드러낼 수 있다. 또 자기 돌봄은 완벽해야 하고, 자신을 증명해야 하고, 조건을 충족해야만 관심받을 수 있고, 남과 끊임없이 비교하는 가면증후군의 덫에서 빠져나올 수 있게 도와준다. 지금의 나로도 충분하다는 생각이 들면 더는 이런 것들을 추구할 필요가 없다.

게다가 자기 돌봄을 실천하다 보면 자신 혼자서 모든 것을 다 할 필요가 없다는 사실을 깨닫게 되어 남에게 도움을 요청할 수도 있게 된다. 마지막으로 자기 자신에게 "나는 소중한 존재이고 지금의 나로도 충분해"라고 말해주다보면 내면의 비판자 목소리도 점차 들리지 않게 된다. 그럼 지금부터 자기 돌봄을 위한 마음의 공간을 만드는 연습을 시작해보자.

자기 돌봄의 의미

가면증후군은 자기 돌봄을 낯설고 심지어 불편하게 느끼도록 만든다. 하지만 자기 돌봄의 의미와 중요성을 생각하면 이 개념이 친숙해진다. 자기 돌봄이 익숙해지고 편안하게 느껴질 때 마음이 안정되고 불안함이 사라진다.

당신에게 자기 돌봄은 어떤 의미인가?

당신은 자기 돌봄을 실천하기 위해 무엇을 하는가?

당신은 자신을 얼마나 잘 돌보는가?

자신이 자기 돌봄을 위해 어느 정도의 노력을 기울여왔는지 알면 보완할 부분을 파악할 수 있다. 다음 문항을 읽고 자신의 상태와 가장 가까운 숫자를 골라보자.

0: 전혀 그렇지 않다	1: 거의 그렇지 않다	2: 가끔 그렇다
3: 자주 그렇다	4: 거의 대부분 그렇다	5: 항상 그렇다

1. 다른 사람의 욕구를 자신의 욕구보다 더 중요하게 생각한다.

   0 1 2 3 4 5

2. 거절 의사를 밝히는 것이 어렵다.

   0 1 2 3 4 5

3. 다른 사람을 기쁘게 하려고 하기 싫은 일을 한다.

   0 1 2 3 4 5

4. 내가 원하는 바를 말하면 다른 사람이 실망할까 봐 두렵다.

   0 1 2 3 4 5

5. 도움을 요청하지 않고 결국 모든 일을 혼자서 다 한다.

   0 1 2 3 4 5

6. 긴장을 풀고 마음의 여유를 찾는 나만을 위한 시간을 갖지 않는다.

0 1 2 3 4 5

7. 내가 원하는 것이 무엇인지 잘 모르겠다.

0 1 2 3 4 5

8. 나와 가까운 사람들은 내가 남의 눈치를 많이 보거나 남에게 지나치게 친절하다고 말한다.

0 1 2 3 4 5

9. 나의 감정이나 욕구를 표현하면 상대에게 부담을 준 것 같은 느낌이 든다.

0 1 2 3 4 5

10. 내 마음에 충실하게 행동하면 이기적인 사람이 된 것처럼 느껴진다.

0 1 2 3 4 5

결과 해석: 0~2에 표시했다면 이미 자신을 잘 돌보고 있다는 좋은 신호이다. 이대로 계속 유지하기를 바란다. 3~5에 표시했다면 자기 돌봄을 제대로 하고 있지 않다는 신호이다. 이 책에서 소개하는 활동을 따라 하면서 자기 돌봄을 실천하기 바란다. 당신은 자기 돌봄

을 받아 마땅한 소중한 사람이다.

내면의 비판자를 잠재우기

솔직하게 말하겠다. 자기 돌봄을 수행하는 과정에서 가끔 내면의 비판자가 나타날 수 있다. 이 존재는 남에게 도움을 요청하지 말고 혼자서 모든 일을 다 해야 한다고 말할 것이다. 당신의 인생이 남들보다 뒤처졌거나 실패했다면서 당신에게 휴식은 죄악이고 사치라고 말할지도 모른다.

만약 내면의 비판자가 하는 말에 귀를 기울이면 어떻게 될까? 몸과 마음이 지칠 대로 지쳐 번아웃에 빠지고, 다른 사람을 위해 끊임없이 희생하는 삶이 지긋지긋해질 것이다. 지금부터는 당신의 마음을 돌보기 위해 내면의 비판자를 사라지게 하는 연습을 해보려 한다.

자기 돌봄을 방해하기 위해 내면의 비판자가 당신에게 건네는 말은 무엇인가?

____

____

____

자기 돌봄을 응원하기 위해 내면의 응원자가 당신에게 건네는 말은 무엇인가?

____

____

____

____

온 마음을 다해 나 자신을 보살피기

자신을 돌보는 방법에는 여러 가지가 있다. 그중에서 가장 보편적인 방법은 도움 요청하기, 나만의 시간 갖기, 자신이 원하지 않을 때 거절 의사 밝히기이다. 만약 자기 돌봄을 실천할 때 죄책감이 들고 불안함을 느낀다면 그것은 내면의 비판자가 나타났기 때문이다.

이번 활동에서는 내면의 비판자가 자기 돌봄에 관해 어떤 메시지를 전하는지, 이 메시지가 당신에게 어떤 부정적인 영향을 미치는지 알아볼 것이다. 자기 돌봄을 잘 실천하고 만족스러운 삶을 살기 위해서는 내면의 비판자가 아닌 내면의 응원자가 나타나도록 해야 한다.

자기 돌봄 유형	내면의 비판자	부정적인 영향	내면의 응원자	자기 돌봄 행동
도움 요청하기	예시: 도와달라고 하는 것은 곧 내가 나약하다는 뜻이다. 힘들어도 버텨야 한다.	나는 남에게 도움을 요청하지 않는다. 과로하다가 결국 번아웃에 빠지게 되고 마음이 불안해진다.	도움을 요청하고, 도움을 받아 문제를 해결해도 괜찮다. 나도 소중한 사람이다.	배우자에게 집안일을 도와달라고 부탁하기.
나만의 시간 갖기				
원하지 않는 일은 거절하기				

내 몸과 마음, 영혼은 나의 인생 여정을 함께하기 위해 보살핌을 받고 재충전 할 자격이 있다.

자기 돌봄을 방해하는 문제 극복하기

직접 해보고 싶은 자기 돌봄 활동을 다음 표에 몇 가지만 적어보자. 그리고나서 이 활동들을 수행하기 전과 후, 수행하는 동안 어떤 문제가 일어날 수 있을지 생각해보자. 죄책감을 느끼거나 불안해질 수도 있고, 부탁을 거절했다고 나에게 실망할까 봐 신경이 쓰일 수도 있다.

마지막으로 이 문제들을 어떻게 해결할 수 있을지 생각해보자. 자신에게 긍정적인 메시지를 직접 말해주거나, 안심시키는 말을 해달라고 사랑하는 사람에게 부탁할 수도 있다. 또는 스마트폰의 알람 기능을 이용하는 것도 좋다.

자기 돌봄 활동	예상되는 문제	문제 해결 방법
예시: 남편에게 공감과 위로를 해달라고 부탁한다.	자기 돌봄 활동을 시작하기 전: 남편이 나를 자신감 없는 사람이라고 생각할까봐 두렵다. 자기 돌봄 활동을 진행하는 중: 내가 원하는 것은 남편의 경청과 공감이지만, 남편은 나에게 조언을 하려고 할 수 있다.	나는 소중한 사람이며 남편은 나를 항상 도와줄 것이라고 나 자신에게 말해준다.

	자기 돌봄 활동을 마친 후: 부정적인 일이 일어날 것 같거나, 빠트린 일은 없는지 걱정하는 등 생각을 너무 많이 한다. (예: "만약에 남편이 내가 나약한 사람이라고 생각하면 어떡하지?", "내가 이 이야기를 말했어야 했나?")	

어린 시절에 내가 원했던 것들

만약 당신이 자기 돌봄에 익숙하지 않다면, 이 행동이 불편하게 느껴질 수 있다. 이는 어쩌면 과거의 경험 때문일지 모른다. 가령 부모님이 너무 바쁘셔서 어린 당신의 욕구를 제대로 돌봐주지 않았을 수 있고, 가족을 최우선으로 생각하는 대가족에서 자라서 가족을 위해 자신을 희생하는 것이 당연하다고 배웠을 수도 있다. 자기 돌봄에 관한 자신의 생각이 과거의 경험으로 인해 만들어졌음을 알게 되면, 자기 돌봄이 더는 불편하게 느껴지지 않고 오히려 자신을 더 잘 돌볼 수 있게 된다.

이번 활동에서는 내면에서 올라오는 여러 감정을 마주하게 될 것이다. 이때 자기 자신을 친절하게 대해주자. 내면에서 어떤 감정이 느껴지면 그 감정을 잠시 객관적으로 관찰해보자. 너무 힘들고 버거우면 외부의 도움을 받아도 좋다. 도움을 받는 일은 자기 돌봄을 일상에서 실천하는 용기 있는 행동이다.

어린 시절에 당신은 어떤 보살핌을 받았는가?

어린 시절에 당신이 필요했던 것은 무엇인가? 어떻게 하면 그것을 현재의 당신에게 줄 수 있을까?

조건적 돌봄에서 무조건적 돌봄으로

당신은 자기 돌봄을 대가를 지급하고 얻어야 하는 것으로 생각할지 모른다. 자신보다 남을 먼저 생각하는 사람이라면 특히 더 그럴 것이다. 우리는 쉬고 놀면 스스로 정체되어 있거나 뒤처지는 것 같다고 느끼지만, 보통은 쉬지 않기 때문에 문제가 생긴다. 자신을 돌보지 않는 사람은 번아웃 또는 슬럼프에 빠지거나 목표를 중간에 포기해버릴 가능성이 더 크다. 또한 이들은 어떤 조건을 달성해야만 자신을 돌볼 자격이 생긴다고 굳게 믿는다.

그러나 자기 돌봄은 무조건적이고 자신은 자기 돌봄을 받을 자격이 있다고 믿으면, 성장하기 위해 필요한 것이 무엇인지 파악할 수 있다.

자기 돌봄 계획을 세우기: 씨앗을 심는 단계다. 자신이 실천하고 싶은 자기 돌봄 계획을 한 가지만 써보자.

(예: 회사에서 휴식 시간을 더 자주 갖고 싶다, 남편에게 집안일을 도와달라고 부탁하고 싶다.)

자기 돌봄 계획을 구체화하기: 씨앗에 물을 주는 단계다. 위에서 세운 자기 돌봄 계획을 어떻게 시작할 것인지 생각해보자.

(예: 휴식 시간을 구체적으로 정하고 주간 계획표에 적어두기, 집안일 분담표 작성하기.)

자기 돌봄 행동을 실천하기: 햇빛을 받아 씨앗이 자라는 단계이다. 이 계획을 계속 실천하려면 무엇을 해야 하고, 어떤 문제가 일어날 수 있을지 생각해보자. 혹시 그 밖에도 더 필요한 것이 있는지 생각해보자.

(예: 해야 할 일이 너무 많다면 동료에게 도움을 청하기, 집안일을 부탁하는 것에 죄책감이 느껴지면 배우자는 언제나 내 편이라고 자신에게 직접 말해주기.)

자기 돌봄은 내가 대가를 지급하고 얻어야 하는 것이 아니다. 자기 돌봄은 내게 필요한 것이고, 내가 마땅히 누려야 하는 것이다.

직감을 따르기

가끔 우리는 마음의 여유가 필요하다는 것을 직감적으로 알아차린다. 저녁에 혼자 있고 싶거나 휴가를 내고 쉬고 싶을 때 우리 몸은 본능적으로 "몸이 안 좋은 것 같아. 뭔가 변화가 필요해"라는 메시지를 보낸다. 이런 직감은 모른 척하고 넘어가기 쉽지만 그랬다가는 과로와 번아웃으로 이어질 수 있고, 영원히 가면증후군에서 벗어나지 못하게 될 수 있다. 마음에서 올라오는 직감을 잘 알아차리고 그에 따라 충실하게 살면 자기를 돌볼 수 있는 정신적 여유가 생긴다.

자기 돌봄을 실천했던 적을 떠올려보자. 그때 당신을 자기 돌봄으로 이끌었던 직감은 무엇이었을까? 왜 그런 직감이 작동했을까?

자신에게 먼저 좋은 사람이 되라

타인에게 거절 의사를 표현하는 일은 어렵고 힘들다. 그럼에도 당신은 휴일에 함께 시간을 보내자는 부모님께 친구랑 약속이 있어서 안 된다고 거절할 수 있다. 혹은 가족과 저녁을 함께 먹기 위해 야근을 거부할 수 있다. 완벽주의를 극복하고 자기 자신을 제대로 돌보려면 자신이 원하지 않는 것을 거절하는 태도가 필요하다.

거절하고 싶었지만 다른 사람을 실망시키기 싫어서 승낙했던 상황을 떠올려보자. 업무와 관련된 상황이었을 수도 있고, 개인적인 부탁이었을 수도 있다. 지금부터는 문항에 따라 남보다 자신에게 먼저 좋은 사람이 되는 법을 연습해보자.

1. 과거의 그 순간에 No라고 말했다면 어떤 좋은 일이 일어났을지 생각해본다. (예: 그날 밤에 야근을 거부하고 재충전을 했다면 다음날 더 좋은 성과를 낼 수 있었을 것이다.)
2. 그 상황에서 자신이 할 수 있었던 다른 대안은 없었는지 생각해본다. (예: 다음날 회사에 30분 일찍 출근했다면 저녁에 가족과 시간을 보낼 수 있었을 것이다.)

3. 그 상황에서 자기 뜻을 유지하고 원하는 바를 분명하게 전달하는 방법을 생각해본다. (예: 야근을 지시하는 매니저에게 "이 일이 중요하다는 사실을 잘 이해하지만, 오늘 밤은 야근하기 어려울 것 같습니다"라고 정중하게 말할 수 있다.)

내 감정도 소중하다

감정은 내면의 존재가 보내는 메시지를 전달하는 역할을 한다. 당신은 슬픔이나 불안 같은 불편한 감정을 없애고 싶겠지만, 이런 감정들은 당신이 필요한 것을 받지 못하고 있음을 알려주는 유용한 지표이다. 예를 들면, 불안은 균형 잡힌 삶이 필요하다는 의미이다. 수치심은 자신과 타인의 공감이 필요하다는 뜻이다. 분노는 자신의 경계를 확인하라고 내면의 존재가 건네는 메시지일 수 있다. 지난 몇 달 동안 느꼈던 감정을 떠올려보고 다음 표의 '내 기분이 ○○일 때' 칸에 적어보자. 그리고 그때 무엇이 있었다면 기분이 좋아졌을 것 같은지 생각해본 다음 '나는 ○○이 필요해'에 적어보자.

예시: 내 기분이 슬플 때, 나는 대화를 나누고 나를 위로해줄 친구가 필요해.

내 기분이 ○○일 때		나는 ○○이 필요해
	→	
	→	
	→	
	→	

내 기분은 전달자이다. 내게 번아웃이 찾아오면 잠시 쉬면서 긴장을 풀어야 한다고 말해준다.

자기 돌봄 체크리스트

직장과 학교, 주변 사람들과의 관계에서 신체와 정신을 건강하게 유지하기 위한 자기 돌봄 방법은 많다. 먼저 삶의 다양한 영역에서 이미 실천하고 있거나, 앞으로 실천할 수 있는 자기 돌봄 방법을 한두 가지 정도 생각해보고 하트 그림에 적어보자. 다 적었다면 마음과 영혼을 담아 자신을 돌볼 수 있도록 도와주자.

자기 돌봄-직장편: 직장에서 실천할 수 있는 자기 돌봄 활동으로, 업무에 대한 열정과 집중력을 유지할 수 있게 도와준다. 동료에게 도움 청하기, 잠깐 휴식 취하기 등이 있다.

자기 돌봄-신체편: 신체 건강을 유지하고 몸에 활력을 불어넣는 활동으로, 회사 일과 개인 과업을 수행하는 데 필요한 에너지를 준다. 균형 잡힌 다이어트, 운동하기 등이 있다.

자기 돌봄-감정편: 정신 건강을 유지하고 삶의 질을 높이는 활동으로, 어려운 일을 겪거나 힘든 시간을 보낼 때 잘 견딜 수 있도록 도와준다. 친구와 대화하기, 심리 상담 받기, 감정 일기 쓰기 등이 있다.

자기 돌봄-관계편: 사랑하는 사람들과 만족스러운 관계를 형성하고 유지하는 활동이다. 건강한 경계 설정하기, 자신의 감정이나 욕구를 타인에게 표현하기 등이 있다.

도움을 요청해도 괜찮다

도움을 요청하는 일은 외로운 개인주의자형 내면의 비판자가 하는 말과 정반대되는 행동이다. "모든 것을 혼자서 다 해야 해", "도움을 요청하는 것은 나약하다는 신호야"는 외로운 개인주의자형 비판자가 가장 좋아하는 말이다. 하지만 이렇게 부정적인 메시지에 마음을 두지 않을수록 내면의 비판자는 서서히 사라진다.

그럼 지금부터 다른 사람들에게 도움을 요청하는 방법을 함께 배워보자. 먼저 지금 이 순간 스트레스를 가장 많이 느끼는 삶의 영역이 어디인지 생각해본다. 당신은 직장에서 눈코 뜰 새 없이 바빠 스트레스를 받고 있거나, 사랑하는 사람과 헤어져서 힘든 시간을 보내고 있을 수 있다. 삶의 영역을 떠올렸다면 다음 설명에 따라 도움을 요청하는 연습을 시작해보자.

1. 현재 스트레스 또는 부담감을 가장 많이 느끼고 있는 삶의 영역이 있다면, 그 영역에서 스트레스를 줄이고 부담감을 덜 느끼기 위해 당신이 원하는 것 또는 당신에게 필요한 것 한 가지를 생각해본다. (예: 업무량을 줄이거나 스트레스를 덜 받기 위해 동료에게 도움을 요청한다.)
2. 당신이 신뢰하는 사람을 한 명 떠올려보고, 그 사람에게 도움을 요청하는 상상을 해본다. (예: "남자친구와 헤어져서 많이 힘들어. 혹시 괜찮다면 나랑 이야기를 나눠줄 수 있겠니? 위로해줘서 고마워."라고 친구에게 말한다.)
3. 이대로 계속 연습한다. 도움이 필요한 삶의 영역이 또 있다면 위 설명대로 연습한다.

온전히 나에게 집중하는 나만의 시간

이번 활동에서는 나만의 시간을 보내는 법을 알아본다. 나 자신과 좋은 시간을 보내면 에너지가 재충전되기 때문에 세상에 다시 나갈 힘이 생긴다. 당신이 세운 자기 돌봄 계획을 중간에 그만두지 말고 계속 실천해라. 당신은 온전히 자신만을 위한 시간이 필요하고, 이를 누릴 자격이 있다.

이번 활동을 하는 동안에는 내면에만 집중하도록 노력해라. 휴대전화나 방해물이 될 만한 가전제품은 모두 전원을 끈다. 자신에게 정신을 온전히 집중하면서 자신과 보내는 특별한 시간을 즐겨보자.

1. 당신이 좋아하지만 오랫동안 하지 못한 활동을 하나 생각한다. (예: 가장 좋아하는 코스로 하이킹하기)
2. 이 활동의 예상 소요 시간과 필요한 준비물을 생각한다.
3. 이 활동을 할 날짜와 시간을 정하고 일정에 적어놓는다.

자기 돌봄 캘린더

다음 234쪽의 양식을 활용해서 자기 돌봄 활동을 매일 기록해보

자. 어떤 활동을 할지 아이디어가 떠오르지 않는다면 230~231쪽 '자기 돌봄 체크리스트'를 참고하자. 나만의 활동을 만들어도 좋다. 여기서 중요한 점은 자신에게 친절을 베푸는 아주 사소한 행동도 자기 돌봄 활동으로 여긴다는 것이다.

예를 들어 점심시간에 일하지 않고 즐겁게 식사하는 것도 자기 돌봄 행동이다. 아침에 일어나 잠시 스트레칭을 하거나, 저녁에 피곤해서 식사 초대를 거절하는 것도 마찬가지로 자기 돌봄 행동이다. 자신을 자주 돌볼수록 내면의 비판자는 더욱 조용해진다. 이렇게 자기 돌봄을 꾸준히 실천하다 보면 남보다 자신을 우선으로 생각하게 되고, 지금 모습으로도 충분하다고 믿게 된다.

월요일	화요일	수요일	목요일	금요일	토요일	일요일

핵심 정리

자기 돌봄을 위한 마음의 공간을 만들라

가면증후군의 영향에서 벗어나 자신을 있는 그대로 인정하는 삶을 살기 위해서는 자기 돌봄이 필요하다. 물론 가면증후군이 자기 돌봄을 우선적으로 실천하지 못하게 방해할 수 있다. 그럼에도 자기 돌봄을 실천한다면 삶의 모든 영역에서 불안은 줄어들고 기쁨은 커질 것이다.

- 자기 돌봄은 과로와 번아웃을 예방할 수 있게 도와준다.
- 자기 돌봄은 완벽해야 하고, 자신을 증명해야 하고, 조건을 충족해야만 관심받을 수 있고, 남과 끊임없이 비교하는 가면증후군의 덫에서 빠져나올 수 있게 도와준다.
- 자신을 돌보는 가장 흔한 방법 세 가지는 도움 요청하기, 나만의 시간 갖기, 자신이 원하지 않을 때 거절 의사 밝히기이다.
- 감정은 전달자 역할을 한다. 불안이나 번아웃, 스트레스와 같은 불쾌한 감정은 대개 자기 돌봄이 필요하다는 신호이다.
- 자기를 돌보는 일은 결코 이기적인 행동이 아니다. 자기 돌봄은 오히려 일과 대인관계, 그 밖의 삶의 영역에 온전히 집중할 수 있게 도와준다.

10장

자신을 믿고 너그럽게 대하는 연습

가면증후군이 만들어낸 부정적 자기 대화를 의심하고 거짓으로 받아들이기까지 많은 시간과 노력, 용기가 필요하다. 당신은 지금 이토록 어려운 여정을 걷고 있는 중이다.

비록 내면의 비판자가 다시 나타나거나 힘든 하루를 보낼 때 자신에게 실망할 수도 있지만 포기하지 말자. 장애물을 마주하는 것도 인생의 일부다. 내면의 비판자를 잠재우는 노력을 매일 하다 보면 마침내 자신과 자신의 유능함을 온전히 받아들일 수 있게 될 것이다.

마지막 장이기도 한 10장에서는 가면 감정을 오랜 시간 다스리는 방법을 배워볼 것이다. 그럼 지금부터 가면증후군에서 벗어나기 위해 자신을 더욱 신뢰하고 너그럽게 대하는 연습을 시작해보자.

'나는 원래 남들보다 부족한 사람이니까.'

있는 그대로의 나를 인정하기

○ **가브리엘의 이야기**

가브리엘은 어릴 때부터 부모님께 친구들과 비교당하는 말을 자주 들으며 자라서 남들과 비교당하는 일이 익숙했다. 부모님은 가브리엘의 친구들이 공부도 더 잘하고, 키도 크고, 부모님 말씀도 더 잘 듣는다며 가브리엘을 항상 비난했다. 친구들과 끊임없이 비교당하며 자란 가브리엘은 자연스럽게 자신이 남들보다 부족하고 열등하다고 생각하게 됐다.

성인이 되자 가브리엘은 타인과의 비교가 자신을 점점 더 옥죄는 올가미라는 사실을 알아차렸다. 그러나 이제는 부모님이 아닌, 본인이 다른 사람과 자신을 비교했다. 그는 SNS에 올라온 게시물을 보면서 다른 사람들에게 영감을 받았기도 했지만 동시에 열등감도 느꼈다. 모든 사람이 자신보다 잘나가고, 몸도 좋고, 똑똑하고, 잘생긴 것 같았다.

가브리엘은 혼란스러우면서도 화가 났다. 어떤 날에는 자신감이 충만했다가, 다음 날에는 자신이 가면을 쓴 사기꾼인 것 같고 성취감도 느껴지지 않았다. 그는 도대체 왜 이런지 이유를 알고 싶었다.

가브리엘은 생각에 생각을 거듭하다 과거에 심리상담의 도움으로 트라우마를 치료한 뒤 좋아하는 일을 찾고 2년간 세계여행을 다녀온 기억을 떠올렸다. 그때 당시 자신을 사랑하는 사람이 되려고 성장과 배움의 시간을 보냈는데, 왜 다시 이런 부정적인 감정이 드는 것일까? 가면 감정은 가브리엘의 마음에 왜 다시 나타났을까?

답은 그가 보는 SNS에 있었다. 가브리엘은 여행할 때 친구들과 연락하고 여행 사진을 공유하려고 SNS를 이용했다. 여행을 마치고 집으로 돌아온 뒤로 더는 SNS로 친구들과 연락하지 않았지만, 그럼에도 SNS는 가브리엘의 불안함에 불을 지펴 활활 타오르게 했다. SNS가 자신에게 미치는 영향을 알게 된 후로 가브리엘은 SNS 사용을 스스로 제한하기 시작했다. 그리고 자신에게 가끔 불안함을 느껴도 괜찮다고 말해주었다. 그렇게 가브리엘은 자신의 감정과 욕구를 알아가면서 자신을 있는 그대로 인정하기 시작했다.

성공하기 위해 성장하는 법을 배워야 한다

이 책에서 소개한 여러 활동을 꾸준히 실천하면 달라지는 점이 많다. 먼저 자기 의심과 부정적 자기 대화가 사라져, 가면증후군으로 인한 부정적인 결과가 일어나지 않는다. 자신이 괜찮은 사람으로 느껴지고, 자신의 진짜 모습을 세상에 드러낼 수 있게 된다. 성공을 거두고도 운이 좋았을 뿐이라고 여기지 않고, 자신의 실력과 성과를 있는 그대로 인정하게 된다. 꾸준한 연습과 노력으로 가면증후군을 극복할 수 있다는 사실은 이미 연구로도 증명됐다. 폴린 클랜스Pauline Clance와 수잰 임스Suzanne Imes는 1978년에 발표한 논문 〈성공한 여성들에게 나타나는 가면 현상The Imposter Phenomenon in High Achieving Women〉에서 '자기 자신을 너그럽게 대하기', '어린 시절에 들었던 메시지를 놓아주기', '실패를 예상하지 말고 성공을 꿈꾸기'를 잘 실천한 참여자들의 경우 자기 의심이 사라지고 긍정적인 대화가 늘었으며, 각자의 장점과 지적 능력을 온전히 인정하고 수용하는 능력도 향상되었다고 밝혔다.

2021년에도 비슷한 연구 결과가 발표됐다. 랭포드Langford, 맥뮬런McMullen, 브리지Bridge, 라이Rai, 스미스Smith, 라임스Rimes는 수치심이 높은 사람들의 자존감을 향상시키는 방법을 연구했다. 이들은 자기 의심과 부정적 자기 대화로 고통받는 실험 참여자들에게 '내면의 비판자 인식하기', '완벽해지려는 강박을 놓아주기', '마음을 차분하게 하는 법 활용하기', '자신에게 따뜻한 말을 많이 건네기'를 실시하도록 했더니 이들의 자존감이 크게 향상되었다고 밝혔다.

두 논문은 가면 감정이 사라지면 삶이 놀랍도록 바뀌고 자신의 성공과 장단점을 있는 그대로 수용할 수 있게 된다는 사실을 보여준다. 당신이 이 책에서 배운 여러 지식과 방법을 꾸준히 실천한다면, 어려운 순간을 마주하더라도 가면 감정에 흔들리지 않을 것이다.

모든 방법을 총동원하기

오랜 시간 동안 가면증후군과 싸우려면 이 책에서 다룬 모든 지식과 방법을 총동원해야 한다. 지금까지 이 책을 읽으면서 자신과 잘 맞았거나 반대로 가장 힘들었던 방법을 하나씩은 발견했을 것이다. 아직 모든 연습을 마치지 않았다고 해서 좌절할 필요는 없다. 당신은 처음보다 훨씬 많이 성장해있을 것이다. 지금부터는 잠시 시간을 내서 자기 자비, 취약성, 자기 돌봄을 실천했던 기억을 떠올리고, 어떻게 하면 이 행동을 앞으로도 계속 이어나갈 수 있을지 생각해보자.

'자기 확언'을 계속 실천할 수 있는 방법:

____

'자기 용서'를 계속 실천할 수 있는 방법:

____

'타인에게 친절하기'를 계속 실천할 수 있는 방법:

___

'자기 돌봄'을 계속 실천할 수 있는 방법:

___

'진실성'을 계속 실천할 수 있는 방법:

___

'자기감정 수용하기'를 계속 실천할 수 있는 방법:

___

'자기감정 표현하기'를 계속 실천할 수 있는 방법:

___

'자기주장'을 계속 실천할 수 있는 방법:

___

'도움 요청하기'를 계속 실천할 수 있는 방법:

___

'나만의 시간 보내기'를 계속 실천할 수 있는 방법:

___

'원하지 않을 때 거절하기'를 계속 실천할 수 있는 방법:

___

나의 탁월함을 받아들이기

가면증후군에 걸린 사람들은 성공을 거두고도 단지 운이 좋았다거나 타이밍이 잘 맞았을 뿐이라며 자신의 업적을 쉽게 깎아내린다. 자신의 능력과 노력 덕분에 성공한 것이라고 믿지 못하도록 내면의 비판자가 방해하기 때문이다.

성공한 이유가 자신과 상관없는 외부 요인 덕분이 아니라 능력이나 노력처럼 내부 요인이 작용했기 때문이라고 믿으면 내면의 비판자와 작별을 고할 수 있고, 앞으로도 자신의 삶에 만족감을 온전히 느낄 수 있다. 당신은 성공에 대한 칭찬을 받을 자격이 충분하다.

운과 같은 외부 요인 덕분에 성공했다고 생각했던 순간을 떠올려보자. 그때 내면의 비판자는 당신에게 무슨 말을 했는가?

어떻게 하면 나의 실력과 노력으로 성공했다고 생각할 수 있을까?

내가 의지할 수 있는 사람들

우리는 모두 어려움을 겪을 때 나를 위로해주고 내가 기댈 수 있는 사람이 필요하다. 인간은 서로 연결되길 원하기 때문에, 힘든 순간에 자신만 그런 것이 아니라고 생각하면 이겨낼 힘이 생긴다. 가면 감정에서 벗어나기 위해서는 당신이 누구에게, 언제, 의지하는지 아는 것이 중요하다.

지금부터는 잠시 시간을 갖고 내가 의지할 수 있는 사람들을 떠올려보자. 당신을 도와줄 질문들은 다음과 같다.

- 내가 이 사람을 얼마나 신뢰하는가?
- 이 사람에게 나와 내 삶의 개인적인 부분에 대해 말할 때 마음이 편안한가?
- 이 사람에게 나의 본모습을 보여주면 이 사람이 어떻게 받아들일지 걱정되는가?
- 내가 가장 힘들고 도움이 필요했을 때 내 곁에 있어 준 사람이 누구인가?

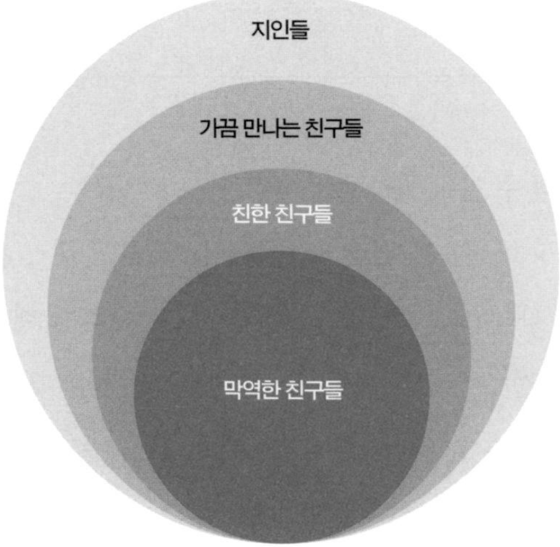

나의 성공을 인정하고, 당당하게 드러내라

어떻게 하면 나의 능력을 있는 그대로 인정하고, 내가 유능했기 때문에 성공할 수 있었다고 생각할 수 있을까? 물론 자신의 능력을 인정하고 자신에게 좋은 말을 하는 일이 항상 쉽지만은 않다는 것을 잘 알고 있다. 특히나 내면의 비판자가 당신에게 "너는 가짜야", "너는 자랑할 자격이 없어"라고 속삭이면 자신의 능력을 신뢰하기가 더욱 어려워진다. 사랑하는 사람들에게 내가 자랑스럽게 여기는 성과를 깎아내리지 않고 당당하게 말해보자. 나의 성공을 솔직하게 드러내는 일이 편해질수록 자기 자신에 대한 믿음이 커질 것이다.

지금부터 친구, 가족, 동료, 직장 상사 등 다른 사람들에게 공유하고 싶은 자신의 업적이나 좋은 소식, 성공한 기억을 떠올려보자. 고객과의 회의에서 만족스러운 결과를 얻었던 일, 퀴즈에서 1등 한 일, 새로운 음식을 개발한 일, 배우자와 싸우지 않고 원만하게 대화를 나눈 일 등 다양할 것이다. 아직 다른 사람들에게 말할 마음의 준비가 되지 않았는가? 그렇다면 거울 속 자신에게 말해보자. 계속 연습하다 보면 자신을 칭찬하고 내 성과를 남에게 말하는 일이 점점 편하게 느껴질 것이다.

지나온 여정을 돌아보고 앞으로 나아가기

우리는 자기 자신이 얼마나 많이 성장했는지 돌아볼 시간을 충분히 갖지 않는 것 같다. 나 또한 가면증후군이 완전히 극복되지 않은 것처럼 느껴질 때 스스로 실망하고 낙담했지만, 그럴 때마다 지금까지 성장해 온 과정을 돌아본 덕분에 가면 감정에서 벗어날 수 있었다. 이렇듯 마음을 차분하게 하고 내가 얼마나 발전했는지 생각하는 시간을 가지면 앞으로 다시 나아갈 힘을 얻을 수 있다.

이 책을 처음 읽기 시작했을 때 당신의 마음이 어떤 상태였는지 생각해보자. 그때 스스로 어떤 상태라고 느꼈었는가?

이 책에서 소개한 방법을 따라 한 뒤로 당신이 어떻게 변했고 어떤 부분이 성장한 것 같은가? 아주 사소한 변화라도 좋으니 적어보자.

지금까지 내가 잘한 일들을 모두 인정하는 시간을 보내는 것도 나를 믿는 여정의 일부다. 나는 내가 자랑스럽다.

나에게 용기를 주는 격려의 메시지를 만들라

내면의 비판자를 다루는 연습을 하는 동안 다시 원점으로 돌아간 것처럼 느껴질 때가 있을 것이다. 사라진 줄 알았던 비판자의 목소리가 다시 들려올 때면 마음이 불안해지고 자신이 충분한 것 같지 않은 생각이 들 수도 있다.

이렇게 내면의 비판자에게 패배한 것처럼 느껴질 때 용기의 메시지가 가장 중요한 역할을 한다. 지금부터 잠시 시간을 내서 가장 최근에 자신이 출발선으로 다시 돌아간 것 같은 느낌이 들었던 기억을 떠올려보자. 그때 어떤 말을 들었다면 의욕이 다시 살아났을 것 같은가? 사랑하는 사람이 지금 좌절해있다면 용기를 주기 위해 어떤 말을 해줄 수 있을까? 격려의 메시지를 포스트잇에 적어서 필요할 때마다 보고 힘을 얻을 수 있도록 집안 곳곳에 붙여놓자.

장애물 지나가기

사람은 누구나 살면서 어려움을 겪지만, 임포스터들의 경우 어려움을 겪으면 내면의 비판자가 나타나기 때문에 더 많이 힘들어한다. 가령 배우자와의 갈등으로 힘들어할 때 비판자의 목소리가 들려와 배우자가 당신을 떠날지도 모른다는 불안감을 일으킬 수 있다. 혹은 직장에서 부정적인 피드백을 받았을 때 가면을 쓰지 않은 모습을 드러내기 무서울 수 있다. 하지만 과거에 이런 문제들을 성공적으로 처리했던 경험을 생각하다 보면 미래에 일어날 문제들도 잘 해결할 수 있을 것 같은 자신감이 생긴다.

가면증후군을 극복하는 과정에서 어려운 상황에 부딪혔던 적을 떠올려보자. 그때 문제를 어떻게 해결했는가?

나중에 같은 상황이 발생하더라도 다른 방식으로 해결해야겠다고 생각했다면, 그 이유가 무엇인가? 그때 무엇을 배웠는가?

마음이 안정되는 안전한 장소를 발견하라

비판자의 목소리가 다시 들려올 때 마음이 불안해질 수 있다. 이럴 때는 평화롭고 편안하고 응원과 지지를 받는 안전한 장소에 머물면 도움이 된다.

- **자신만의 안전한 장소를 생각해보자.** 당신이 머물고 싶은 장소가 있는가? 집 안 공간일 수도 있고 동네 바닷가나 하이킹 코스일 수도 있다.
- **그 장소에 있을 때 어떤 기분이었는지 떠올려보자.** 마음의 평온을 느꼈는가? 아니면 머리가 맑아지는 기분이었는가? 그 장소에서 머물 때 불안한 마음이 조금 줄어들었는가?
- **안전한 장소에 머무를 때 어떤 생각이 떠오르는지 알아차리자.** 내가 괜찮은 사람이라는 생각이 들거나 내가 자랑스럽게 여기는 것들이 생각날 수도 있다. 아니면 나를 사랑해주고 응원해주는 사람들이 떠오를 수도 있다.
- **깨달음을 현실화하자.** 이 장소에서 당신은 어떤 깨달음을 얻었는가? 이러한 깨달음을 현실에서 구현하려면 어떤 변화가 필요할까? (예: 배우자와의 관계를 다시 회복하기, 승진하기, 새로운 회사로 이직하기)

나의 목표 (1)

내 인생의 목표를 찾아서 글로 적어놓으면 목표가 더욱 분명해지면서 이룰 수 있을 것 같은 자신감이 생긴다. 가면증후군을 극복하는 여정에서 당신이 이루고자 하는 것이 무엇인지 생각해보

자. 일에 대한 열정과 의욕을 되찾고 싶은가? 자신이 괜찮은 남편 또는 아내라고 느끼고 싶은가? 인생의 모든 영역에서 자기 자신에 대한 높은 자신감을 얻고 싶은가? 당신이 꿈꾸는 삶이나 목표를 생각해보고 적어보자.

내가 꿈꾸는 삶:

____

____

____

____

____

____

나의 목표 (2)

그다음에는 하나의 커다란 목표를 여러 개의 작은 목표로 나누는 작업을 할 것이다. 예를 들어 소원해진 부부 사이를 회복하고 싶다는 목표를 세웠다고 가정해보자. 이 경우 '상대에게 나의 감정과 욕구를 말로 많이 표현하기'를 단기 목표로, '마음을 편하게 나누는 부부가 되기'를 장기 목표로 세울 수 있다.

단기 목표:

____

____

장기 목표:

____

____

나의 목표 (3)

이제 단기 목표와 장기 목표를 달성하기 위한 3단계 계획을 세워보자. 가령 '배우자에게 자신의 감정을 표현한다'가 단기 목표라면 1단계는 '내 감정을 알아차리기', 2단계는 '알아차린 감정을 글로 쓰며 정리하기', 3단계는 '정리된 감정을 배우자에게 표현하기'로 세울 수 있다.

단기 목표를 달성하기 위한 3단계 계획

- 1단계: ______________________________
- 2단계: ______________________________
- 3단계: ______________________________

장기 목표를 달성하기 위한 3단계 계획

- 1단계: ______________________________
- 2단계: ______________________________
- 3단계: ______________________________

마지막으로 당신의 꿈과 목표를 향한 열정을 점검해보자. 가면 증후군 극복을 위한 이 여정을 꾸준히 이어갈 원동력과 자신감이 되어줄 것이다.

	단기 목표	장기 목표
이 목표를 왜 이루고 싶은가?		
이 목표를 이루면 무엇이 달라질 것 같은가?		

회복탄력성 발휘하기

자신에게 너그럽게 대하는 일은 자전거를 처음 타는 것과 비슷하다. 지금은 잘 못하지만 자신을 믿고 넘어지더라도 다시 일어나 또 시도하면 된다. 새로운 운동이나 낯선 외국어를 배우는 것처럼 무언가를 처음으로 시도했던 경험을 떠올려보자. 그때 어떻게 포기하지 않고 계속해서 할 수 있었는가? 그 경험을 하는 동안 무엇을 깨달았는가?

새로운 것을 처음으로 배웠던 경험	포기하지 않고 계속할 수 있었던 이유	그 경험을 하며 깨달은 점

익숙한 것을 바꾸는 일은 어려울 수 있다. 하지만 끊임없이 완벽을 추구하는 삶은 그보다 더 어렵다. 나는 변화를 받아들이고 나의 뛰어난 능력을 있는 그대로 인정하는 사람이다. 나는 할 수 있다!

나를 신뢰하기

가면증후군을 겪는 사람들의 마음속에는 자신을 의심하게 만드는 내면의 비판자뿐만 아니라 자신을 믿어야 한다고 말하는 내면의 응원자도 존재한다. 나는 응원자의 목소리를 '자기 신뢰 believe in me'의 목소리라고 부르고 싶다. 자기 신뢰의 목소리는 좋은 결정을 내리고 자신의 성공을 있는 그대로 인정할 수 있게 도와준다. 또한 나 자신은 어떤 어려움도 극복할 수 있고, 가치 있는 사람이라고 믿게 만든다. 자기 신뢰의 목소리에 집중할수록 불안함이 사라지고 마음이 안정되며 비판자의 목소리가 더는 들리지 않게 된다.

회사에서 어려운 일을 잘 처리했던 경험이나 배우자의 부모님께 처음으로 인사드렸을 때처럼 자기 자신을 온전히 믿었던 순간을 떠올려보자. 그때 '자기 신뢰'의 목소리나 나에게 어떤 말을 건넸는가?

어떻게 하면 '자기 신뢰'의 목소리를 더 많이 들을 수 있을까?

나의 목표: 3개월 차 중간 점검

이제 거의 막바지에 다다랐다. 지금부터는 252~255쪽 '나의 목표'에서 적었던 자신의 목표를 다시 읽어보면서 당신이 지금까지 얼마나 성장했는지 생각해보는 시간을 가져보자. 그동안 이뤄낸 성과를 되짚어보면 가면 감정에서 벗어나기 위한 이 여정을 계속 이어갈 힘이 생긴다.

단, 성장의 크기는 다양하다는 사실을 기억해야 한다. 당신은 스스로 생각하는 것보다 덜 성장했을 수도 있고, 반대로 걱정했던 것보다 크게 성장했을 수도 있다. 목표를 달성하기 위해 노력하면서 어떤 문제가 있었는지도 생각해보자. 이 문제들을 회피하지 않고 직시하면 앞으로 삶의 어느 영역에 더 많은 관심을 쏟아야 하는지 알 수 있다.

단기적 목표

- 그동안 이뤄낸 성과:

- 그동안 마주한 문제들:

장기적 목표

- 그동안 이뤄낸 성과:

- 그동안 마주한 문제들:

- 계속 성장하기 위한 자기 확언:

장애물 극복하기

장애물을 극복하라. 여기서 장애물이란 자신이 가치 있는 존재라는 사실을 받아들이지 못하게 방해할 수 있는 문제들을 말한다. 실수와 거절, 심지어 내가 이룬 성과도 나를 가면증후군에서 벗어나지 못하게 가로막는 걸림돌이 된다. 나 역시도 이 같은 경험을 했다. 열심히 노력해서 석사 학위를 받았지만 이것이 나의 성장을 방해하는 장애물로 느껴졌다. 자격도 없으면서 학위를 받았다고 비난하는 내면의 비판자가 다시 등장했기 때문이다.

나를 가로막는 장애물이 무엇이든 호기심을 갖고 잘 살펴보아야 한다. 그리고 그 장애물을 누구나 겪는 경험의 일부로 바라보아야 한다. 문제들을 회피하지 않고 직시할 수 있으면 문제에서 배울 점을 찾을 수 있고, 긍정적인 방향으로 계속해서 성장하고 변화할 수 있다. 258~259쪽 '3개월 차 중간 점검'에서 적은 문제들을 다시 한번 적어보고, 어떻게 하면 이 문제들을 극복하고 앞으로 나아갈 수 있을지 생각해보자.

장애물 또는 문제점

•

•

•

•

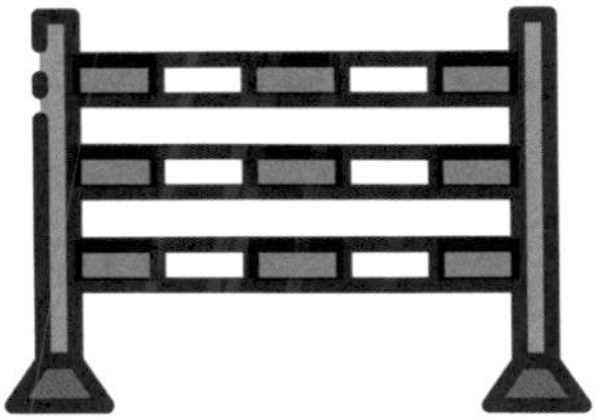

앞으로 나아가려면 무엇이 필요하고, 어떻게 변해야 할까?

인생에는 당연히 장애물이 있다. 그리고 나에게는 어떤 장애물도 계속 극복할 수 있는 용기가 있다. 나는 나 자신을 믿는다.

자기 사랑을 실천하는 소소하지만 확실한 방법

우리는 자기 자신에게 사랑을 표현하는 일을 잊은 것 같다. 나를 사랑하는 일을 하찮게 여기거나, 막상 하려고 해도 어색하고 불편한 마음이 든다. 본인보다 다른 사람에게 더 많은 사랑과 친절을 베푸는 경우도 흔하다. 자신에게 사랑을 표현하는 방법을 잘 알고 자주 실천해주면, 비판자의 목소리를 잠재우는 일이 쉬워진다.

다음은 기분을 좋아지게 하는 여러 방법들이다. 이 방법을 사용해도 좋고, 자신만의 방법을 새로 만들어도 좋다. 나중에 비판자의 목소리가 들리거나 장애물을 마주하게 될 때, 이 방법을 활용해서 자기 자신에게 사랑을 마음껏 표현해주자.

- 숨을 깊게 들이마시기.
- 따뜻한 물로 목욕하기.
- 좋아하는 영화나 TV 프로그램 보기.
- 가까운 친구 또는 가족들과 즐거운 시간 보내기.
- 좋아하는 음식 먹기.
- 나에게 따뜻한 말해주기.
- 기분이 좋아지는 장소에 가기.

핵심 정리

꾸준한 연습으로 극복할 수 있다

가면증후군을 극복하는 과정은 성공과 실패의 롤러코스터를 타는 것과 같다. 어떤 날에는 자신감에 가득 차 있다가도 다음날이면 가면 감정에 휩쓸려 다시 원점으로 돌아간 것 같은 기분이 들 수 있다. 자신에게 실망하고 낙담하더라도 계속해서 자기 자비, 취약성, 자기 돌봄을 스스로에게 선물하라. 포기하지 않으면 계속해서 앞으로 나아갈 수 있다.

- 내면의 비판자가 사라지면 자신의 성공이 운이나 외부 요인 때문이 아니라, 자신의 능력과 노력 덕분이라고 믿게 된다.
- 장애물과 문제를 극복하면 자신이 더 크게 성장하고 긍정적으로 바뀔 수 있다.
- 가면 감정을 다스리는 여러 지식과 방법을 활용하면 삶이 더욱 충만해지고 자신감도 향상된다.
- 자기 자비, 취약성, 자기 돌봄이라는 세 가지 방법을 꾸준히 실천하라. 자신은 있는 그대로의 모습으로도 사랑받을 수 있는 존재이고, 무언가를 이루어낼 만한 유능한 사람이라고 믿게 될 것이다. 나아가 더욱 보람차고 충만한 삶을 살 수 있다.

자신을 있는 그대로 너그럽게 받아들이기

결국 당신은 해냈다. 이 책을 완독한 당신에게 박수를 보낸다! 힘들고 긴 여정이었는데도 당신은 용감하게 끝까지 해냈다. 아마 여기까지 오는 동안 불안, 슬픔, 죄책감 같은 부정적인 감정과 희망과 기쁨, 안도감 같은 긍정적인 감정이 동시에 느껴져서 마음이 많이 복잡했을 것이다. 그럼에도 불구하고 당신은 포기하지 않았다. 당신의 진짜 모습을 너그러운 마음으로 포용했고 용기를 내서 계속 전진했다.

당신은 자기 자신과 자신의 능력을 있는 그대로 믿지 못하고, 스스로 만든 비현실적인 기준에 부합하지 못하는 자신을 비난하면서 힘든 시간을 보냈을 것이다. 자신이 가면을 쓴 사기꾼인 것 같고 무능함이 발각될까 봐 불안해하며 사는 삶은 고통스럽다. 나는 당신이 이 책을 통해 더는 가면 뒤에 숨을 필요가 없음을 깨달았기를 바란다. 진실성과 자기 신뢰, 사랑이 충만하면 인생이라는 바다에서 더욱 자유롭게 항해할 수 있다.

단, 이것 하나만 기억하라. 자신의 능력을 있는 그대로 받아들이는 여정을 떠나다 보면 틀림없이 장애물이 계속해서 나타날 것이다. 그때마다 취약성과 자기 자비, 희망을 잃지 않으면 당신의 내면에 존재하는 진정한 아름다움을 분명히 볼 수 있다. 이제는 내면의 비판자에게 작별 인사를 고하고 영원히 빛나는 존재가 될 차례다. 당신은 충분히 용기 있고 유능하며 사랑받을 자격이 있다.

내 삶은 이 세상에서 내 자리를 찾기 위해 불안과 완벽주의, 과로로 인한 번아웃, 우울증, 절망감과 싸우는 투쟁의 연속이었다. 나는 한동안 무능함을 들키지 않기 위해 늘 불안에 떨며 살았다. 하지만 지금은 불충분하다는 감정에서 벗어나 마침내 내면의 평화와 안정을 찾았다. 결코 쉬운 여정은 아니었다. 더 치유해야 할 부분도 아직 남아 있다.

이 책은 내가 가면증후군을 극복했던 경험과 내담자들이 가면증후군을 극복할 수 있도록 도우며 그 과정에서 얻은 깨달음을 바탕으로 집필했다. 내담자들이 자신의 진짜 모습을 받아들이고 긍정적 자기 대화가 내면에 자리를 잡을 수 있게 도왔던 경험은 내게 선물과도 같았다. 그들 덕분에 나도 가면증후군으로 힘들었지만 극복해낸 과정을 이 책에 솔직하게 담을 수 있었다.

사랑하는 가족과 남편, 친구들, 심리치료사 선생님, 친애하는 동료들은 내 인생에서 빠질 수 없는 특별한 존재들이다. 내가 나를 있는 그대로 온전히 받아들일 수 있게 지혜와 영감을 주었다. 모두에게 진심으로 고맙다는 말을 전하고 싶다.

도서

○ 《알아차림Aware: The Science and Practice of Presence》, 대니얼 J. 시겔Daniel J. Siegel

UCLA 정신의학과 임상교수인 대니얼 J. 시겔이 일상의 어려움과 스트레스를 관리하면서 현재 자신에게 일어나는 일을 알아차리는 법을 독자들에게 소개하는 책이다.

○ 《몸은 기억한다The Body Keeps the Score: Brain, Mind and Body in the Healing of Trauma》, 베셀 반 데어 콜크Bessel van der Kolk

외상 후 스트레스 장애PTSD 분야를 연구해온 세계적인 권위자이자, 보스턴의과대학 정신의학과 교수인 베셀 반 데어 콜크가 인간관계에서 일어날 수 있는 고통과 치유를 연구한 내용을 담은 책으로, 삶의 회복을 향한 희망의 불씨를 지핀다.

○ 《나는 불완전한 나를 사랑한다The Gifts of Imperfection: Let Go of Who You Think You're Supposed to Be and Embrace Who You Are》, 브레네 브라운Brené Brown

수치심, 취약성 등 현대인의 감정을 연구해온 심리전문가이자 휴스턴대학교 사회복지대학원 연구 교수 겸 베스트셀러 저자인 브레네 브라운이 쓴 책이다. 사람들이 마음을 치유하는 과정에서 자신의 진정한 모습을 있는 그대로 받아들일 수 있도록 영감을 준다.

웹사이트

○ TED Talk 강연 '가면증후군Imposter Syndrome' (디나 브라운Deena Brown 강연)

TED.com/talks/dr_deena_brown_imposter_syndrome

리드허시프트 무브먼트The Leadhershift Movement의 창립자 디나 브라운 박사는 여성 임원들에게 힘과 용기를 실어주고 이들의 사고방식 변화를 이끌고 있다. 디나 브라운 박사는 TED Talk 강연에서 가면증후군에 관한 자신의 연구를 소개하며, 특히 소외된 사람들이 경험하는 부정적 자기 대화를 긍정적인 메시지로 바꿔야 한다고 강조한다.

○ 타라 브랙Tara Brach의 명상 수행법 'RAIN'

TaraBrach.com/meditation-practice-rain

저명한 명상가인 타라 브랙이 만든 20분간의 명상 수행법 'RAIN'을 따라 할 수 있는 웹사이트이다. 끌어안음Radical Compassion을 실천하는 명상인 RAIN은 총 네 단계(인지하기Recognize, 인정하기Allow, 살펴보기Investigate, 보살피기Nurture)로 이루어져 있다.

○ 마인드풀

Mindful.org

웹사이트 '마인드풀'은 자신의 삶을 너그럽게 포용하는 마음을 가질 수 있도록 돕는 다양한 자료를 제공한다. 언론기사, 개인 블로그 게시물, 명상 관련 영상, 온라인 교육 과정 등 여러 자료를 찾아볼 수 있다.

- 전미정신질환연맹National Alliance on Mental Illness

  NAMI.org

  전미정신질환연맹NAMI은 불안이나 우울증 등 정신 건강에 관한 정보와 상담에 필요한 자료를 웹사이트에 공유하고 있다.

- 브레네 브라운의 '참고자료 아카이브Resources Archive'

  BreneBrown.com/resources

  심리학자 브레네 브라운이 운영하는 웹사이트 BreneBrown.com에서 참고자료만 모아놓은 곳으로, 취약성과 진실성에 관한 수많은 귀중한 자료가 올라와 있다. 그 밖에도 팟캐스트, 칼럼, 비디오 영상, 안내 가이드, 인용구 카드 자료도 이곳에서 확인할 수 있다.

참고문헌

APA Dictionary of Psychology. "I Statement." American Psychological Association. Accessed January 27, 2022. dictionary.apa.org/i-statement.

Beard, Catherine. "7 Ways to Set Boundaries and Stop People-Pleasing." *The Blissful Mind* (blog). Last modified August 4, 2020. theblissfulmind.com/set-boundaries.

Bravata, Dena M., Sharon A. Watts, Autumn L. Keefer, Divya K. Madhusudhan, Katie T. Taylor, Dani M. Clark, Ross S. Nelson, Kevin O. Cokley, and Heather K. Hagg. "Prevalence, Predictors, and Treatment of Impostor Syndrome: A System- atic Review." *Journal of General Internal Medicine* 35, no. 4 (2020): 1252-75. doi.org/10.1007/s11606-019-05364-1.

Brown, Brené. *Daring Greatly: How the Courage to Be Vulnerable Transforms the Way We Live, Love, Parent, and Lead*. New York: Penguin Random House, 2015.

Chiu, Lin. "Give Yourself a Break: Practicing Self-Compassion." *Resolve* (blog). August 3, 2020. kcresolve.com/blog/give-yourself-a-break-practicing-self-compassion.

Clance, Pauline Rose, and Suzanne Ament Imes. "The Imposter Phenomenon in High Achieving Women: Dynamics and Therapeutic Intervention." *Psychotherapy: Theory, Research & Practice* 15, no. 3 (1978): 241–47. doi.org/10.1037/h0086006.

Clark, Pamela, Chelsey Holden, Marla Russell, and Heather Downs. "The Impostor Phenomenon in Mental Health Professionals: Relationships among Compassion Fatigue, Burnout, and Compassion Satisfaction." *Contemporary Family Therapy* (2021): 1–13. doi.org/10.1007/s10591-021-09580-y.

Corkindale, Gill. "Overcoming Imposter Syndrome." *Harvard Business Review*. May 7, 2008. hbr.org/2008/05/overcoming-imposter-syndrome.

Cuncic, Arlin. "What Does It Mean to Be 'Triggered'" Verywell Mind. Last modified March 10, 2022. verywellmind.com/what-does-it-mean-to-be-triggered-4175432.

Daniels, Michael. *Shadow, Self, Spirit: Essays in Transpersonal Psychology*. Exeter, UK: Imprint Academic, 2021.

"Developing a Self-Care Plan." ReachOut Schools. Accessed February 8, 2022. schools.au.reachout.com/articles/developing-a-self-care-plan.

Diagnostic and Statistical Manual of Mental Disorders, Fifth Edition (DSM-5). Arlington, VA: American Psychiatric Association, 2017.

Good Therapy. "'I' Message." *GoodTherapy Blog*. Accessed February 8, 2022. goodtherapy.org/blog/psychpedia/i-message.

Haworth, Amanda. "Acquaintance vs Friend-Definition (with

Examples)." SocialPro. Last modified December 30, 2020. socialpronow.com/blog/difference-friend-acquaintance.

"Impostor Phenomenon Study: Most Entrepreneurs Affected." Kajabi. November 10, 2021. kajabi.com/blog/impostor-phenomenon-study.

Langford, Katie, Katrina McMullen, Livia Bridge, Lovedeep Rai, Patrick Smith, and Katharine A. Rimes. "A Cognitive Behavioural Intervention for Low Self-Esteem in Young People Who Have Experienced Stigma, Prejudice, or Discrimination: An Uncontrolled Acceptability and Feasibility Study." *Psychology and Psychotherapy: Theory, Research and Practice 95*, no. 1 (2021): 34-56. doi.org/10.1111 /papt.12361.

Li, Sijia, Jennifer L. Hughes, and Su Myat Thu. "The Links between Parenting Styles and Imposter Phenomenon." *Psi Chi Journal of Psychological Research 19*, no. 2 (2014): 50-57. doi.org/10.24839/2164-8204.jn19.2.50.

Maslach, Christina, and Michael P. Leiter. "Understanding the Burnout Experience: Recent Research and Its Implications for Psychiatry." *World Psychiatry* 15, no. 2 (2016): 103-11. doi.org/10.1002/wps.20311.

Peppercorn, Susan. "How to Overcome Your Fear of Failure." *Harvard Business Review*. December 10, 2018. hbr.org/2018/12/how-to-overcome-your-fear-of-failure.

The Imposter Syndrome Workbook

스스로를 과소평가하고 의심하는
당신을 위한 심리 처방

실패가 두려운 완벽주의자를 위한 심리학

초판 1쇄 발행 | 2023년 5월 12일
초판 2쇄 발행 | 2023년 8월 7일

지은이 | 아티나 다닐로
옮긴이 | 김지아
펴낸이 | 전준석
펴낸곳 | 시크릿하우스
주소 | 서울특별시 마포구 독막로3길 51, 402호
대표전화 | 02-6339-0117
팩스 | 02-304-9122
이메일 | secret@jstone.biz
블로그 | blog.naver.com/jstone2018
페이스북 | @secrethouse2018
인스타그램 | @secrethouse_book
출판등록 | 2018년 10월 1일 제2019-000001호

ISBN 979-11-92312-44-6 03180